DIE KUNST DES RUHIGEN EINFLUSSES VERSTEHEN

Ein Lcitfaden für ethischen Einfluss und wirkungsvolle Kommunikation(Die Kraft der Überzeugung meistern, ohne aufdringlich zu sein)

JARROD S. THILL

Inhaltsverzeichnis

EINFÜHRUNG

In der heutigen schnelllebigen Welt, in der oft laute Stimmen und aggressive Taktiken dominieren, ist die Kunst der stillen Einflussnahme zu einem wirkungsvollen Werkzeug geworden, um in verschiedenen Lebensbereichen positive Ergebnisse zu erzielen. Ob am Arbeitsplatz, in persönlichen Beziehungen oder im alltäglichen Umgang: Die Fähigkeit, andere auf subtile Weise zu überzeugen, ohne auf gewaltsame Methoden zurückzugreifen, kann zu bemerkenswerten Ergebnissen führen.

„The Art of Quiet Influence" ist ein Buch, das sich mit den Nuancen dieses subtilen, aber wirkungsvollen Überzeugungsansatzes befasst. Es unterstreicht die Macht des stillen Einflusses und erklärt, warum er in der heutigen dynamischen und vielfältigen Welt wichtig ist. Durch die Seiten dieses Buches erhalten die Leser Einblicke, Strategien und praktische Techniken, um die Kunst der stillen Einflussnahme zu meistern und mit Finesse und Integrität die gewünschten Ergebnisse zu erzielen.

In diesem Buch geht es nicht darum, andere zu manipulieren oder zu manipulieren, sondern vielmehr darum, die Psychologie der Überzeugung zu verstehen, echte Verbindungen aufzubauen und effektiv zu kommunizieren, um andere auf positive und ethische Weise zu beeinflussen. Ziel ist es, den Lesern ein umfassendes Verständnis der Prinzipien und Techniken stiller Einflussnahme zu vermitteln und sie zu befähigen, diese Strategien in verschiedenen Kontexten ihres Lebens anzuwenden.

In den folgenden Kapiteln werden wir uns mit den Grundlagen der stillen Einflussnahme befassen, einschließlich der Bedeutung von Selbstbewusstsein, der Kunst des Zuhörens, der Beobachtung und der Empathie sowie der Rolle von Timing, Beharrlichkeit und ethischen Überlegungen bei der Beeinflussung anderer. In diesem Buch geht es auch um die Kunst der Formulierung, des Aufbaus von Allianzen und der Steuerung des Einflusses ohne Autorität. Anhand praktischer Beispiele, Geschichten aus dem wirklichen Leben und umsetzbarer Tipps lernen die Leser, wie sie die Kraft stiller Einflussnahme nutzen können, um ihre Ziele zu erreichen und sinnvolle und positive Veränderungen herbeizuführen.

Ganz gleich, ob Sie eine Führungskraft sind, die Ihr Team inspirieren und beeinflussen möchte, ein Profi, der sich in Verhandlungen hervortun möchte, ein Elternteil, der seine Kinder anleiten möchte, oder eine Einzelperson, die seine zwischenmenschlichen Fähigkeiten verbessern möchte: „The Art of Quiet Influence" ist das Richtige für Sie Ihr Leitfaden zur Beherrschung der subtilen, aber kraftvollen Kunst der Überzeugung. Machen Sie sich bereit, die Geheimnisse des stillen Einflusses zu lüften und zu entdecken, wie er Ihre Interaktionen und Beziehungen zum Besseren verändern kann.

Kapitel 1: Die Grundlagen des stillen Einflusses

Stiller Einfluss kann als die Fähigkeit definiert werden, andere subtil und effektiv zu überzeugen, ohne offen Macht oder Gewalt auszuüben. Dabei werden subtile, zurückhaltende und nicht aggressive Techniken eingesetzt, um andere auf eine Weise zu beeinflussen, die ihre Autonomie respektiert und gegenseitiges Verständnis und Zusammenarbeit fördert. Im Gegensatz zu aggressiven oder manipulativen Taktiken konzentriert sich stille Einflussnahme auf den Aufbau echter Verbindungen, die Förderung von Vertrauen und die Erzielung von Win-Win-Ergebnissen.

Um das Wesen stiller Einflussnahme zu verstehen, ist es wichtig zu erkennen, dass es nicht darum geht, andere dazu zu bringen, das zu tun, was Sie wollen, sondern vielmehr darum, ihre Gedanken, Gefühle und Verhaltensweisen auf eine Weise zu beeinflussen, die mit ihren Interessen und Werten übereinstimmt. Es geht darum, ihre Bedürfnisse und Anliegen zu verstehen und darauf einzugehen und gleichzeitig Integrität und Authentizität in

Ihrer Kommunikation und Ihrem Handeln zu wahren.

Die Psychologie der Überzeugung

Im Zentrum des stillen Einflusses steht das Verständnis der Psychologie der Überzeugung. Die Prinzipien der Überzeugung, wie sie vom renommierten Psychologen Robert Cialdini erläutert wurden, bilden den Grundstein für wirksamen Einfluss. Zu diesen Prinzipien gehören Gegenseitigkeit, Autorität, sozialer Beweis, Beständigkeit, Sympathie und Knappheit.

Gegenseitigkeit ist das Konzept des Gebens vor dem Empfangen, wodurch bei anderen ein Gefühl der Verpflichtung zur Gegenseitigkeit entsteht. Autorität bedeutet, Ihr Fachwissen, Ihre Glaubwürdigkeit und Ihre Position zu nutzen, um andere zu beeinflussen. Social Proof basiert auf der Idee, dass Menschen dazu neigen, der Masse zu folgen und sich dem Verhalten anderer anzupassen. Konsistenz basiert auf der menschlichen Tendenz, Verpflichtungen einzuhalten und sich an früheren Verhaltensweisen auszurichten. Beim Liken geht es darum, durch echte Sympathie und Ähnlichkeit eine Beziehung und Verbindung zu anderen aufzubauen. Knappheit greift auf die Angst zurück, begrenzte Möglichkeiten zu verpassen.

Um die Kunst der stillen Beeinflussung zu beherrschen, ist es wichtig, diese Prinzipien zu verstehen und zu verstehen, wie sie andere beeinflussen. Im Gegensatz zu aggressiven Formen der Überredung, die auf der Ausnutzung dieser Prinzipien zum persönlichen Vorteil beruhen, versucht die stille Einflussnahme jedoch, sie auf ethische und subtile Weise zu nutzen, wobei das Wohl aller Parteien im Vordergrund steht.

Die Rolle des Selbstbewusstseins

Ein wesentlicher Aspekt des stillen Einflusses ist das Selbstbewusstsein. Bevor Sie andere beeinflussen, ist es wichtig, sich selbst, Ihre Vorurteile, Stärken und Schwächen zu verstehen. Durch Selbsterkenntnis können Sie auf Ihren Kommunikationsstil, Tonfall und Ihre nonverbalen Hinweise achten und so sicherstellen, dass Ihr Einfluss authentisch ist und mit Ihren Werten übereinstimmt.

Selbsterkenntnis hilft Ihnen auch, die Auswirkungen Ihrer Worte und Taten auf andere zu verstehen, sodass Sie Ihren Ansatz an unterschiedliche Situationen und Personen anpassen können. Es ermöglicht Ihnen, über Ihre Absichten und Motivationen nachzudenken und sicherzustellen, dass Sie andere nicht manipulieren oder zwingen, sondern wirklich versuchen, durch subtile Überzeugung positive Ergebnisse zu erzielen.

Die Kunst des Zuhörens

Eines der mächtigsten Werkzeuge im Arsenal eines stillen Influencers ist das aktive Zuhören. Beim Zuhören geht es nicht nur darum, Worte zu hören, sondern auch darum, Emotionen, nonverbale Hinweise und unausgesprochene Bedürfnisse zu verstehen. Wenn Sie anderen aktiv zuhören, schaffen Sie einen sicheren Raum, in dem sie sich äußern können, und gewinnen wertvolle Einblicke in ihre Perspektiven, Sorgen und Wünsche.

Aktives Zuhören trägt auch zum Aufbau von Beziehung und Vertrauen bei, da es Respekt, Empathie und echtes Interesse an der anderen Person zeigt. Indem Sie aufmerksam zuhören, können Sie Gemeinsamkeiten und Bereiche identifizieren, in denen Sie übereinstimmen, und diese nutzen, um überzeugende Argumente zu formulieren, die mit den Werten und Motivationen der anderen Person in Einklang stehen.

Zusammenfassend lässt sich sagen, dass die Grundlagen des stillen Einflusses das Verständnis der Psychologie der Überzeugung, die Kultivierung des Selbstbewusstseins und die Beherrschung der Kunst des Zuhörens umfassen. Indem Sie ein tiefes Verständnis dieser grundlegenden Konzepte entwickeln, können Sie den Grundstein dafür legen, ein kompetenter und ethischer Influencer zu werden. In den folgenden Kapiteln dieses Buches werden wir uns mit praktischen Techniken und Strategien befassen

Die Psychologie der Überzeugung verstehen

In diesem Kapitel werden wir die psychologischen Prinzipien untersuchen, die der Kunst der stillen Beeinflussung zugrunde liegen. Wenn Sie ein tiefes Verständnis dieser Prinzipien erlangen, erhalten Sie wertvolle Erkenntnisse darüber, wie menschliches Verhalten beeinflusst wird und wie Sie diese Erkenntnisse nutzen können, um andere auf subtile Weise auf echte und ethische Weise zu überzeugen.

Gegenseitigkeit: Das Prinzip des Gebens und Empfangens

Gegenseitigkeit ist ein starkes psychologisches Prinzip, das den Austausch von Gefälligkeiten oder Geschenken beinhaltet und ein Gefühl der Verpflichtung zur Gegenseitigkeit erzeugt. Wenn jemand etwas für uns tut, verspüren wir das Bedürfnis, es ihm in gleicher Weise zurückzuzahlen. Dieses Prinzip kann bei stiller Beeinflussung effektiv angewendet werden, indem man anderen zuerst etwas Wertvolles gibt, bevor man eine Bitte stellt.

Wenn Sie beispielsweise versuchen, einen Kollegen davon zu überzeugen, Ihre Idee zu unterstützen, können Sie zunächst Ihre Unterstützung bei einem seiner Projekte anbieten oder wertvolle Informationen mit ihm teilen. Dieser Akt des Gebens erzeugt bei der anderen Person ein Gefühl der Verpflichtung und erhöht die Wahrscheinlichkeit, dass sie im Gegenzug bereit ist, Ihre Idee zu revanchieren und zu unterstützen.

Autorität: Das Prinzip von Fachwissen und Glaubwürdigkeit

Menschen lassen sich tendenziell stärker von Personen beeinflussen, die als maßgeblich oder glaubwürdig wahrgenommen werden. Dieses Prinzip kann im stillen Einfluss genutzt werden, indem man sich als Experte auf einem bestimmten Gebiet etabliert oder seine Referenzen oder Autoritätsposition nutzt.

Wenn Sie beispielsweise versuchen, ein Team von einem neuen Ansatz zu überzeugen, können Sie Ihre Autorität stärken, indem Sie relevante Forschungsergebnisse zitieren, Ihr Fachwissen teilen oder auf Ihre bisherigen Erfolge in ähnlichen Situationen verweisen. Dies kann dazu beitragen, Ihre Glaubwürdigkeit zu stärken und die Wahrscheinlichkeit zu erhöhen, dass andere von Ihren Empfehlungen beeinflusst werden.

Sozialer Beweis: Das Prinzip der Konformität

Das Prinzip des Social Proofs basiert auf der Idee, dass Menschen dazu neigen, der Masse zu folgen und sich dem Verhalten anderer anzupassen. Wenn wir sehen, dass andere ein bestimmtes Verhalten an den Tag legen, neigen wir dazu, es als sozial akzeptabel zu betrachten und neigen eher dazu, das gleiche Verhalten auch selbst anzunehmen.

Im Zusammenhang mit stiller Einflussnahme können Sie soziale Beweise nutzen, indem Sie zeigen, wie andere Ihre Idee bereits angenommen haben, oder indem Sie Beispiele ähnlicher Organisationen oder Einzelpersonen liefern, die einen ähnlichen Ansatz erfolgreich umgesetzt haben. Dies kann ein Gefühl der sozialen Bestätigung erzeugen und die Bereitschaft anderer erhöhen, diesem Beispiel zu folgen.

Konsistenz: Das Prinzip von Engagement und Ausrichtung

Das Prinzip der Beständigkeit wurzelt in der menschlichen Tendenz, unser Verhalten an unseren früheren Verpflichtungen und Handlungen auszurichten. Sobald wir eine Verpflichtung eingegangen sind oder eine bestimmte Haltung eingenommen haben, verspüren wir das Bedürfnis, dieser Verpflichtung treu zu bleiben.

Im Bereich der stillen Einflussnahme können Sie Beständigkeit zu Ihrem Vorteil nutzen, indem Sie zunächst kleine Verpflichtungen von anderen einholen, die mit Ihrem gewünschten Ergebnis übereinstimmen. Diese kleinen Verpflichtungen können als Bausteine dienen, die im Laufe der Zeit zu größeren Verpflichtungen führen. Wenn Sie beispielsweise versuchen, ein Team davon zu überzeugen, einen neuen Prozess einzuführen, können Sie damit beginnen, sie um Input oder Feedback zu bitten, was sie nach und nach zu einer aktiven Beteiligung am Prozess führt.

Gefällt mir: Das Prinzip von Rapport und Verbindung

Das Prinzip des Likens basiert auf der Idee, dass Menschen eher von denen beeinflusst werden, die sie mögen oder die sie als ähnlich empfinden. Der Aufbau von Beziehungen und Verbindungen zu anderen ist für die stille Einflussnahme von entscheidender Bedeutung, da dadurch ein Gefühl von Vertrauen und Sympathie entsteht.

Um eine Beziehung aufzubauen, können Sie eine gemeinsame Basis mit anderen finden, echtes Interesse an deren Perspektiven zum Ausdruck bringen und Empathie und Verständnis zeigen. Sie können auch Ähnlichkeiten oder gemeinsame Werte nutzen, um ein Gefühl der Verbundenheit zu schaffen, was die Empfänglichkeit anderer für Ihre Ideen oder Wünsche erhöhen kann.

Knappheit: Das Prinzip der begrenzten Verfügbarkeit

Das Knappheitsprinzip basiert auf der Angst, begrenzte Chancen zu verpassen. Wenn etwas als selten oder Mangelware wahrgenommen wird, ist es für andere tendenziell begehrenswerter und attraktiver.Das Prinzip der Knappheit kann genutzt werden, um bei anderen ein Gefühl der Dringlichkeit und Motivation zum Handeln zu erzeugen. Wenn Sie beispielsweise versuchen, ein Team davon zu überzeugen, bei einer bestimmten Initiative Maßnahmen zu ergreifen, können Sie die begrenzte Verfügbarkeit von Ressourcen oder Zeit hervorheben oder die möglichen negativen Folgen betonen, wenn nicht rechtzeitig Maßnahmen ergriffen werden. Dies kann ein Gefühl der Dringlichkeit erzeugen und die Wahrscheinlichkeit erhöhen, dass andere motiviert werden, im Einklang mit Ihren Überzeugungsbemühungen zu handeln.

Das Verständnis der Psychologie der Überzeugung ist entscheidend für die Beherrschung der Kunst der stillen Einflussnahme. Durch die Nutzung dieser psychologischen Prinzipien können Sie andere auf subtile und ethische Weise davon überzeugen, sich Ihren Ideen, Vorschlägen oder Wünschen anzuschließen, ohne auf Gewalt oder Manipulation zurückzugreifen. Es ist wichtig zu beachten, dass ethische Überzeugung darauf abzielt, Win-Win-Situationen zu schaffen, in denen die Interessen aller Beteiligten respektiert und geschätzt werden.

Die Grundlagen des stillen Einflusses basieren auf einem tiefen Verständnis der Psychologie der Überzeugung. Die Prinzipien der Gegenseitigkeit, Autorität, sozialer Bewährtheit, Beständigkeit, Sympathie und Knappheit liefern wertvolle Einblicke in die Art und Weise, wie menschliches Verhalten beeinflusst wird, und können effektiv genutzt werden, um andere auf echte und ethische Weise zu überzeugen. Wenn Sie diese Prinzipien beherrschen, werden Sie in die Lage versetzt, andere in verschiedenen persönlichen und beruflichen Umgebungen subtil und effektiv zu beeinflussen, was zu positiven Ergebnissen und gestärkten Beziehungen führt. In den folgenden Kapiteln werden wir spezifische Strategien und Techniken untersuchen, die zur Ausübung stiller Einflussnahme in verschiedenen Kontexten und Situationen eingesetzt werden können.

Die Rolle der Ethik beim stillen Einfluss

Ethik spielt in der Kunst der stillen Einflussnahme eine entscheidende Rolle. Bei ethischer Überzeugungsarbeit liegt der Schwerpunkt darauf, positive Ergebnisse für alle Beteiligten zu erzielen und dabei ihre Rechte, Werte und Autonomie zu respektieren. Dazu gehört der Einsatz von Überzeugungstechniken, die ehrlich und transparent sind und im Einklang mit moralischen Grundsätzen stehen. In diesem Kapitel werden wir die Bedeutung der Ethik bei der Ausübung stiller Einflussnahme untersuchen und wie ethische Überlegungen den Ansatz zur Überzeugung prägen.

Ethische Überzeugung verstehen

Ethische Überzeugung basiert auf gegenseitigem Respekt, Fairness und Transparenz. Dabei werden Überzeugungstechniken eingesetzt, die mit moralischen Werten und Prinzipien im Einklang stehen und keine Manipulation, Täuschung oder Zwang beinhalten. Ethische Überzeugung zielt darauf ab, echten Einfluss zu fördern und andere durch glaubwürdige und überzeugende Argumente zu überzeugen, anstatt auf unethische Mittel zurückzugreifen, um die eigenen Ziele zu erreichen.

Ethische Überlegungen im stillen Einfluss beinhalten die Achtung der Autonomie und Rechte anderer. Dazu gehört es, ihre Perspektiven, Meinungen und Entscheidungen anzuerkennen und zu schätzen, auch wenn sie von unseren eigenen abweichen. Zur ethischen Überzeugung gehört auch, dass wir in unserer Kommunikation ehrlich, transparent und zuverlässig sind und jegliche Versuche vermeiden, andere zu täuschen oder in die Irre zu führen.

Die Bedeutung des Vertrauens in stillen Einfluss

Vertrauen ist ein grundlegendes Element ethischer Überzeugung und stiller Einflussnahme. Es dient als Grundlage effektiver Überzeugungsarbeit, da Menschen eher von denen beeinflusst werden, denen sie vertrauen. Vertrauen entsteht im Laufe der Zeit durch konsequente und ehrliche Kommunikation, Zuverlässigkeit und eine echte Sorge um das Wohlergehen anderer. Wenn Vertrauen aufgebaut wird, entsteht ein förderliches Umfeld für stille Einflussnahme, in dem andere empfänglicher für unsere Ideen, Vorschläge und Wünsche sind.

Ethik und langfristige Beziehungen

Ethische Überzeugung ist besonders wichtig für den Aufbau und die Pflege langfristiger Beziehungen. Im persönlichen und beruflichen Umfeld sind Beziehungen, die auf Vertrauen, Respekt und Integrität basieren, eher nachhaltig und führen langfristig zu positiven Ergebnissen. Ethische Überzeugung fördert eine Kultur des gegenseitigen Verständnisses, der Zusammenarbeit und der Kooperation, was zu stärkeren und bedeutungsvolleren Beziehungen führt.

Bewältigung ethischer Dilemmata durch stillen Einfluss

Bei der Ausübung stiller Einflussnahme können ethische Dilemmata entstehen, wenn versucht wird, die eigenen Interessen mit den Rechten und Werten anderer in Einklang zu bringen. Es mag verlockend sein, unethische Mittel einzusetzen, um kurzfristige Ziele zu erreichen, aber dies kann auf lange Sicht oft negative Folgen haben, Beziehungen schädigen und das Vertrauen untergraben. Es ist wichtig, ethische Dilemmata unter sorgfältiger Abwägung der potenziellen Auswirkungen unserer Überzeugungstechniken auf andere zu meistern und nach Win-Win-Lösungen zu streben, die mit ethischen Grundsätzen im Einklang stehen.

UNDDiese Aspekte spielen eine entscheidende Rolle bei der Ausübung stiller Einflussnahme. Zur ethischen Überzeugung gehört der Einsatz von Überzeugungstechniken, die ehrlich und transparent sind und im Einklang mit moralischen Werten und Prinzipien stehen. Der Aufbau von Vertrauen, die Wertschätzung der Autonomie und Rechte anderer und die Förderung langfristiger Beziehungen auf der Grundlage von Respekt und Integrität sind wesentliche Elemente ethischer Überzeugung. In den folgenden Kapiteln werden wir uns mit spezifischen Strategien und Techniken befassen, die eingesetzt werden können, um stillen Einfluss auszuüben und gleichzeitig ethische Standards in verschiedenen Kontexten und Situationen aufrechtzuerhalten.

Kultivierung des Selbstbewusstseins für wirksamen Einfluss

Selbstbewusstsein ist ein entscheidendes Element in der Kunst der stillen Beeinflussung. Dazu gehört ein tiefes Verständnis der eigenen Gedanken,

Gefühle, Überzeugungen und Verhaltensweisen sowie der Art und Weise, wie diese sich auf andere auswirken können. In diesem Kapitel werden wir die Bedeutung der Selbstwahrnehmung bei der Ausübung stiller Einflussnahme untersuchen und wie sie die Wirksamkeit unserer Überzeugungsbemühungen steigern kann.

Die Bedeutung des Selbstbewusstseins für den Einfluss

Selbstbewusstsein ist ein grundlegendes Element für wirksamen Einfluss. Es ermöglicht uns, unsere eigenen Vorurteile, Emotionen und Kommunikationsstile zu erkennen und zu verwalten, was wiederum unsere Fähigkeit, andere zu überzeugen, erheblich beeinflussen kann. Wenn wir uns selbst bewusst sind, sind wir besser in der Lage, unsere Stärken und Grenzen zu erkennen, authentisch zu kommunizieren und unseren Ansatz an unterschiedliche Situationen und Personen anzupassen. Selbstbewusstsein hilft uns auch, unser Verhalten zu überwachen und sicherzustellen, dass unsere Überzeugungsbemühungen mit unseren Werten und ethischen Standards übereinstimmen.

Persönliche Vorurteile und Perspektiven verstehen

Zur Selbsterkenntnis gehört das Erkennen und Verwalten unserer persönlichen Vorurteile und Perspektiven. Jeder hat seine eigenen Vorurteile, die von seiner Erziehung, seinen Erfahrungen und seinen Überzeugungen geprägt sind. Diese Vorurteile können Einfluss darauf haben, wie wir Informationen wahrnehmen und interpretieren sowie wie wir kommunizieren und andere überzeugen. Wenn wir uns unserer Voreingenommenheit bewusst sind, können wir Überzeugungsarbeit objektiver und fairer angehen und das Risiko einer unbeabsichtigten Voreingenommenheit, die unsere Überzeugungsbemühungen beeinflusst, minimieren.

Umgang mit Emotionen im Einflussbereich

Emotionen können bei der Beeinflussung von uns selbst und anderen eine wichtige Rolle spielen. Zur Selbstwahrnehmung gehört das Erkennen und Bewältigen unserer eigenen Emotionen sowie das Verstehen der Emotionen anderer. Emotionen wie Wut, Angst oder Frustration können unsere Fähigkeit zur effektiven Kommunikation beeinträchtigen und unsere Überzeugungsbemühungen behindern. Indem wir uns unserer eigenen Emotionen bewusst sind und angemessen mit ihnen umgehen, können wir ein ruhiges und gelassenes Verhalten bewahren und rationaler und überzeugender kommunizieren.

Kommunikationsstile anpassen

Effektive Kommunikation ist eine Schlüsselkomponente erfolgreicher

Überzeugungsarbeit. Selbstwahrnehmung ermöglicht es uns, unseren eigenen Kommunikationsstil zu erkennen und ihn an unterschiedliche Situationen und Personen anzupassen. Manche Menschen sind möglicherweise empfänglicher für logische Argumente, während andere möglicherweise besser auf emotionale Appelle reagieren. Indem wir unseren eigenen Kommunikationsstil verstehen und anpassungsfähig sind, können wir unsere Überzeugungsbemühungen so anpassen, dass sie mit den Vorlieben und Kommunikationsstilen anderer in Einklang stehen, und so die Erfolgswahrscheinlichkeit erhöhen.

Überzeugung mit Werten und ethischen Standards in Einklang bringen

Selbstbewusstsein hilft uns sicherzustellen, dass unsere Überzeugungsbemühungen mit unseren Werten und ethischen Standards im Einklang stehen. Dabei geht es darum, über unsere persönlichen Werte und Überzeugungen nachzudenken und sicherzustellen, dass unsere Überzeugungsbemühungen mit ihnen im Einklang stehen. Wenn wir uns unserer eigenen Werte und ethischen Standards bewusst sind, können wir unethische oder manipulative

Überzeugungstaktiken vermeiden und sicherstellen, dass unser Einfluss mit unserem moralischen Kompass übereinstimmt.

Selbstbewusstsein entwickeln

Die Entwicklung des Selbstbewusstseins erfordert ständige Selbstreflexion, Selbstbeobachtung und Feedback von anderen. Dabei geht es darum, unsere Gedanken, Gefühle und Verhaltensweisen aktiv zu beobachten und darüber nachzudenken, wie sie sich auf unsere Fähigkeit auswirken, andere zu beeinflussen. Das Einholen von Feedback aus vertrauenswürdigen Quellen kann wertvolle Einblicke in unsere blinden Flecken liefern und uns dabei helfen, unser Selbstbewusstsein weiter zu stärken.

SElfenbewusstsein ist ein entscheidendes Element in der Praxis des stillen Einflusses. Dazu gehört es, unsere eigenen Vorurteile, Emotionen und Kommunikationsstile zu erkennen und zu verwalten und unsere Überzeugungsbemühungen mit unseren Werten und ethischen Standards in Einklang zu bringen. Die Kultivierung des Selbstbewusstseins verbessert unsere Fähigkeit, effektiv zu kommunizieren, unseren Ansatz an unterschiedliche Situationen und Personen anzupassen und letztendlich unsere Effektivität bei der Überzeugung anderer zu steigern. In den folgenden Kapiteln werden wir spezifische Strategien und Techniken untersuchen, die eingesetzt werden können, um stillen Einfluss zu üben und gleichzeitig die Selbstwahrnehmung in verschiedenen Kontexten und Situationen zu nutzen.

Kapitel 2: Die Kunst des Zuhörens

Die Kraft des aktiven Zuhörens

Zuhören ist eine grundlegende Fähigkeit in der Praxis der stillen Beeinflussung. Es geht über das bloße Hören der von anderen gesprochenen Worte hinaus, sondern beinhaltet vielmehr die aktive Beteiligung am Prozess des Verstehens, Interpretierens und Reagierens auf ihre Botschaften. In diesem Kapitel werden wir uns mit der Kraft des aktiven Zuhörens als Schlüsselkomponente effektiver Überzeugungsarbeit befassen und Techniken und Strategien zur Verbesserung unserer Zuhörfähigkeiten erkunden.

Die Bedeutung des aktiven Zuhörens für den Einfluss

Aktives Zuhören ist ein entscheidender Aspekt der stillen Einflussnahme, da es uns ermöglicht, andere wirklich zu verstehen, eine Beziehung aufzubauen und Vertrauen aufzubauen. Dabei geht es darum, dem Redner unsere volle Aufmerksamkeit zu schenken, Ablenkungen zu vermeiden und ganz im Augenblick präsent zu sein. Aktives Zuhören geht über das passive Zuhören hinaus, bei dem wir einfach nur die Worte hören, ohne die Bedeutung oder Absicht dahinter vollständig zu verstehen. Wenn wir aktiv zuhören, können wir wertvolle Informationen sammeln, nonverbale Hinweise interpretieren und die zugrunde liegenden Emotionen und Motivationen des Sprechers verstehen. Dieses tiefe Verständnis ermöglicht es uns, unsere Überzeugungsarbeit effektiver und zielgerichteter zu gestalten.

Techniken für effektives aktives Zuhören

Einfühlsames Zuhören: Beim einfühlsamen Zuhören geht es darum, uns in die Lage des Sprechers zu versetzen und seine Perspektive, Emotionen und Anliegen wirklich zu verstehen. Es erfordert, dass wir mit dem Urteil zurückhalten, nicht unterbrechen und echtes Einfühlungsvermögen und Verständnis zeigen. Einfühlsames Zuhören hilft uns, eine Beziehung aufzubauen und Vertrauen aufzubauen, da sich der Sprecher gehört, bestätigt und verstanden fühlt.

Reflektiertes Zuhören: Beim reflektierenden Zuhören geht es darum, die Botschaft des Sprechers zu paraphrasieren oder zusammenzufassen, um ein genaues Verständnis sicherzustellen. Dadurch können wir eventuelle Missverständnisse klären, unser Verständnis überprüfen und dem Redner zeigen, dass wir uns aktiv am Gespräch beteiligen. Reflektiertes Zuhören trägt auch dazu bei, dass wir ein gemeinsames Verständnis der Botschaft haben, was für eine effektive Überzeugungsarbeit von entscheidender Bedeutung ist.

Nonverbales Zuhören: Nonverbale Hinweise wie Mimik, Körpersprache und Tonfall vermitteln wichtige Informationen in der Kommunikation. Beim aktiven Zuhören müssen Sie genau auf diese nonverbalen Hinweise achten, da sie Einblicke in die Emotionen, Einstellungen und Absichten des Sprechers geben können. Wenn wir auf nonverbale Hinweise achten, können wir die Botschaft des Sprechers über die gesprochenen Worte hinaus besser verstehen.

Offene Fragen stellen: Durch das Stellen offener Fragen wird der Redner dazu ermutigt, näher darauf einzugehen und weitere Informationen bereitzustellen. Es zeigt unser echtes Interesse an ihrer Perspektive und ermutigt sie, mehr von ihren

Gedanken und Gefühlen zu teilen. Offene Fragen helfen uns auch dabei, zusätzliche Erkenntnisse und Perspektiven zu gewinnen, die unsere Überzeugungsbemühungen beeinflussen können.

Ablenkungen Vermeiden: Aktives Zuhören erfordert, dass wir vollständig präsent sind und Ablenkungen vermeiden, die uns daran hindern könnten, die Botschaft des Sprechers zu verstehen. Dazu gehört, Multitasking zu vermeiden, elektronische Geräte wegzuräumen und eine angenehme Umgebung zum Zuhören zu schaffen. Volle Aufmerksamkeit und Präsenz im Augenblick zeigen Respekt und Rücksichtnahme gegenüber dem Redner und steigern die Effektivität unseres Zuhörens.

Vorteile des aktiven Zuhörens bei der Überzeugungsarbeit

Aktives Zuhören kann bei der Überzeugungsarbeit mehrere Vorteile bringen. Es ermöglicht uns, eine Beziehung zum Redner aufzubauen und Vertrauen aufzubauen, was für die Beeinflussung seiner Perspektive von entscheidender Bedeutung ist. Durch aktives Zuhören können wir wertvolle Informationen sammeln, nonverbale Hinweise interpretieren und die zugrunde liegenden

Emotionen und Motivationen des Sprechers verstehen, sodass wir unsere Überzeugungsbemühungen effektiver und gezielter gestalten können. Es hilft uns auch, mögliche Einwände oder Bedenken des Redners zu erkennen und proaktiv darauf einzugehen. Insgesamt verbessert aktives Zuhören unsere Fähigkeit, authentisch zu kommunizieren, eine Beziehung aufzubauen und Vertrauen aufzubauen, was Schlüsselelemente für eine effektive Überzeugungsarbeit sind.

Aktives Zuhören ist ein wirksames Werkzeug bei der Ausübung stiller Einflussnahme. Dabei geht es darum, über das passive Zuhören hinauszugehen und sich aktiv am Prozess des Verstehens, Interpretierens und Reagierens auf die Botschaft des Sprechers zu beteiligen. Techniken wie einfühlsames Zuhörenund reflektierendes Zuhören, auf nonverbale Hinweise achten, offene Fragen stellen und Ablenkungen vermeiden – all das trägt zu effektivem aktivem Zuhören bei. Durch aktives Zuhören können wir eine Beziehung aufbauen, Vertrauen aufbauen, wertvolle Informationen sammeln und die Emotionen und Motivationen des Sprechers besser verstehen, was wiederum unsere Fähigkeit, effektiv zu überzeugen, verbessert.

Aufbau von Beziehung und Vertrauen durch Zuhören

Beim effektiven Zuhören geht es nicht nur darum, die vom Sprecher gesprochenen Worte zu hören, sondern auch darum, die zugrunde liegenden Botschaften, Emotionen und Motivationen zu verstehen. Zuhören ist ein wirkungsvolles Werkzeug in der Kunst der stillen Beeinflussung, da es uns ermöglicht, auf einer tieferen Ebene mit anderen in Kontakt zu treten, eine Beziehung aufzubauen und Vertrauen aufzubauen. In diesem Kapitel werden wir eingehend untersuchen, welche Rolle das Zuhören beim Aufbau von Beziehungen und Vertrauen spielt und wie es zu unserer Fähigkeit beiträgt, auf subtile und wirkungsvolle Weise effektiv zu überzeugen.

Die Bedeutung von Rapport und Vertrauen verstehen

Rapport und Vertrauen sind wesentliche Bestandteile einer wirksamen Überzeugungsarbeit. Rapport bezieht sich auf die harmonische Verbindung oder Bindung zwischen zwei Individuen, in der ein Gefühl des Verständnisses, des gegenseitigen Respekts und des Vertrauens herrscht. Vertrauen hingegen ist der Glaube oder das Vertrauen, das eine Person in die Zuverlässigkeit, Integrität und Absichten einer anderen Person hat. Wenn wir Beziehungen und Vertrauen zu anderen aufbauen, schaffen wir ein förderliches Umfeld für Überzeugungsarbeit, da die Menschen eher für unsere Ideen und Vorschläge empfänglich sind.

Zuhören als Werkzeug zum Aufbau einer Beziehung

Zuhören ist eine Schlüsselkomponente beim Aufbau einer Beziehung. Wenn wir anderen aktiv zuhören, zeigen wir echtes Interesse an ihren Gedanken, Gefühlen und Perspektiven, was wiederum ein Gefühl der Bestätigung und des Respekts fördert. Dies hilft, eine Verbindung herzustellen und eine Beziehung zum Sprecher aufzubauen. Indem wir aufmerksam zuhören und Empathie zeigen, können wir einen sicheren Raum für offene Kommunikation schaffen und eine Vertrauensbasis aufbauen.

Techniken zum Aufbau einer Beziehung durch Zuhören

Es gibt verschiedene Techniken, die eingesetzt werden können, um durch Zuhören eine Beziehung aufzubauen. Diese beinhalten:

Einfühlsames Zuhören: Dabei geht es nicht nur darum, die Worte zu hören, sondern auch die Emotionen dahinter zu verstehen und anzuerkennen. Es erfordert, sich in die Lage des Sprechers zu versetzen, Empathie zu zeigen und seine Gefühle zu bestätigen.

Reflektiertes Zuhören: Bei dieser Technik wird die Botschaft des Sprechers paraphrasiert oder zusammengefasst, um das Verständnis sicherzustellen. Es zeigt, dass wir die Informationen aktiv verarbeiten und wirklich an ihrer Perspektive interessiert sind.

Nonverbales Zuhören: Wenn Sie auf die Körpersprache, den Gesichtsausdruck und den Tonfall des Sprechers achten, können Sie wertvolle Einblicke in seine Emotionen und Gefühle gewinnen. Es hilft uns, nonverbale Hinweise zu erfassen und entsprechend zu reagieren und durch nonverbale Kommunikation eine Beziehung aufzubauen.

Offene Fragen stellen: Das Stellen offener Fragen ermutigt den Sprecher, seine Gedanken und Gefühle näher zu erläutern, was zu einem bedeutungsvolleren Gespräch führt. Es zeigt unser echtes Interesse daran, ihre Perspektive zu verstehen und hilft, eine Beziehung aufzubauen, indem es zum weiteren Austausch anregt.

Ablenkungen Vermeiden: Wenn wir dem Redner unsere ungeteilte Aufmerksamkeit schenken und Ablenkungen wie das Überprüfen des Telefons oder das Umschauen vermeiden, zeigen wir nicht nur Respekt, sondern ermöglichen es uns auch, seine Botschaft vollständig zu verstehen und eine Beziehung aufzubauen.

Vorteile des Aufbaus von Rapport und Vertrauen durch Zuhören

Der Aufbau von Beziehungen und Vertrauen durch Zuhören hat in der Überzeugungskunst mehrere Vorteile. Es schafft eine solide Grundlage für eine effektive Kommunikation und schafft ein Umfeld, in dem sich der Redner gehört, verstanden und wertgeschätzt fühlt. Dies fördert das Gefühl von Vertrauen und Glaubwürdigkeit und macht den Redner empfänglicher für unsere Ideen und Vorschläge. Es verbessert auch unser Verständnis für die Perspektive des Redners und ermöglicht es uns, unsere Überzeugungsbemühungen effektiver anzupassen.

Hören ist ein wirksames Werkzeug zum Aufbau von Beziehungen und Vertrauen in der Kunst der stillen Einflussnahme. Indem wir aktiv zuhören, Einfühlungsvermögen zeigen, über die Botschaft des Sprechers nachdenken, auf nonverbale Hinweise achten, offene Fragen stellen und Ablenkungen vermeiden, können wir eine Beziehung und Vertrauen zu anderen aufbauen und so ein Umfeld schaffen, das der Überzeugungsarbeit förderlich ist. Der Aufbau von Beziehungen und Vertrauen durch Zuhören verbessert unsere Fähigkeit, auf subtile und wirkungsvolle Weise effektiv zu überzeugen. Im nächsten Kapitel werden wir uns mit der Rolle von Empathie bei stiller Einflussnahme befassen und verschiedene Techniken und Strategien zum Aufbau von Empathie untersuchen.

Gemeinsame Hörbarrieren überwinden

Zuhören ist eine entscheidende Fähigkeit in der Kunst der stillen Beeinflussung, kann jedoch aufgrund verschiedener Hindernisse, die eine effektive Kommunikation behindern, manchmal eine Herausforderung sein. In diesem Kapitel werden wir uns eingehend mit den häufigsten Hörbarrieren befassen, die unsere Fähigkeit, effektiv zuzuhören, beeinträchtigen können, und Strategien zu deren Überwindung diskutieren.

Ablenkungen: In der heutigen schnelllebigen Welt gibt es jede Menge Ablenkungen, von Smartphones und anderen elektronischen Geräten bis hin zu konkurrierenden Anforderungen an unsere Aufmerksamkeit. Diese Ablenkungen können unsere Fähigkeit, anderen aufmerksam und aktiv zuzuhören, erheblich beeinträchtigen. Die Überwindung von Ablenkungen erfordert bewusste Anstrengung und Selbstdisziplin. Strategien wie das Ausschalten elektronischer Geräte, das Finden einer ruhigen und förderlichen Umgebung zum Zuhören und das Üben von Achtsamkeit können dabei helfen, Ablenkungen zu überwinden und unsere Zuhörfähigkeiten zu verbessern.

Vorgefasste Meinungen und Vorurteile: Unsere vorgefassten Meinungen, Vorurteile und Vorurteile können unsere Fähigkeit trüben, objektiv und ohne Urteil zuzuhören. Wenn wir mit vorgefassten Meinungen oder Vorurteilen an ein Gespräch herangehen, hören wir möglicherweise selektiv Informationen, die unsere bestehenden Überzeugungen bestätigen, während wir gegensätzliche Perspektiven ignorieren oder ablehnen. Die Überwindung vorgefasster Meinungen und Vorurteile erfordert Selbstbewusstsein, Aufgeschlossenheit und aktive Bemühungen, das Urteil auszusetzen. Empathie zu üben, nach unterschiedlichen Perspektiven zu suchen und unsere eigenen Vorurteile aktiv in Frage zu stellen, kann uns helfen, diese Barrieren zu überwinden.

Gefühlslage: Unser emotionaler Zustand kann sich auch auf unsere Fähigkeit auswirken, effektiv zuzuhören. Wenn wir verärgert, ängstlich oder gestresst sind, kann unsere Fähigkeit, unvoreingenommen und einfühlsam zuzuhören, beeinträchtigt sein. Der Umgang mit unseren Emotionen und die Achtsamkeit auf unseren emotionalen Zustand können dazu beitragen, unsere Zuhörfähigkeiten zu verbessern. Techniken wie tiefes Atmen, Achtsamkeitsübungen und Pausen zum Umgang mit Emotionen können es uns ermöglichen, effektiver und unvoreingenommener zuzuhören.

Ungeduld: Zuhören erfordert Geduld und Aufmerksamkeit, und unsere Ungeduld oder unser Wunsch zu antworten kann unsere Fähigkeit, aufmerksam zuzuhören, beeinträchtigen. Wenn wir uns darauf konzentrieren, unsere Antwort zu formulieren, während der Sprecher noch spricht, übersehen wir möglicherweise wichtige Informationen oder verstehen seine Perspektive nicht vollständig. Um den Mangel an Geduld zu überwinden, ist eine bewusste Anstrengung erforderlich, sich auf den Sprecher zu konzentrieren, aktives Zuhören zu üben und dem Drang zu widerstehen, ihn zu unterbrechen oder sofort zu antworten. Notizen zu machen, die Botschaft des Sprechers zusammenzufassen und klärende Fragen zu stellen, kann auch dazu beitragen, unsere Geduld und Aufmerksamkeit beim Zuhören zu verbessern.

Sprachliche und kulturelle Barrieren: Sprachliche und kulturelle Unterschiede können erhebliche Hindernisse für effektives Zuhören darstellen, insbesondere in unterschiedlichen Umgebungen. Unterschiedliche Akzente, Dialekte oder unbekannte kulturelle Normen können zusätzliche Anstrengungen erfordern, um sie genau zu verstehen und zu interpretieren. Die

Überwindung sprachlicher und kultureller Barrieren erfordert aktives Zuhören, das Bitten um Klarstellung bei Bedarf und die Berücksichtigung kultureller Unterschiede. Aufgeschlossenheit, Vorurteilsfreiheit und Respekt gegenüber unterschiedlichen Kommunikationsstilen können effektives Zuhören in interkulturellen oder mehrsprachigen Umgebungen erleichtern.

Die Überwindung gängiger Hörbarrieren ist in der Kunst der stillen Beeinflussung von entscheidender Bedeutung. Indem wir Ablenkungen, vorgefasste Meinungen und Vorurteile, emotionale Zustände, mangelnde Geduld sowie sprachliche und kulturelle Barrieren erkennen und angehen, können wir unsere Zuhörfähigkeiten verbessern und ein förderliches Umfeld für effektive Überzeugungsarbeit schaffen. Im nächsten Kapitel werden wir Techniken des aktiven Zuhörens untersuchen und diskutieren, wie sie in verschiedenen Situationen angewendet werden können, um unsere Fähigkeit zu verbessern, andere subtil und effektiv zu beeinflussen.

Beherrschung der nonverbalen Kommunikation für stillen Einfluss

Bei der Kommunikation geht es nicht nur um die Worte, die wir sprechen oder hören. Nonverbale Kommunikation, einschließlich Körpersprache, Mimik, Gestik und Tonfall, spielt eine entscheidende Rolle für eine effektive Kommunikation und kann unsere Fähigkeit, andere zu beeinflussen, stark beeinflussen. In diesem Kapitel werden wir uns eingehend mit der Kraft der nonverbalen Kommunikation befassen und Strategien diskutieren, wie man sie beherrscht, um stille Einflussnahme zu erreichen.

Körpersprache: Unsere Körpersprache kann kraftvolle Botschaften vermitteln, die manchmal mehr sagen als Worte. Dazu gehören unsere Körperhaltung, Gestik, Mimik, Augenkontakt und körperliche Bewegungen. Um die Körpersprache zu beherrschen, müssen wir uns unserer eigenen Körpersprache bewusst sein und die Körpersprache anderer korrekt interpretieren. Wenn Sie beispielsweise eine offene und zugängliche Körperhaltung beibehalten, geeignete Gesten machen, die unsere Botschaft unterstützen, Augenkontakt halten und die Körpersprache der

anderen Person widerspiegeln, können Sie eine
Beziehung aufbauen und Vertrauen aufbauen, was
zu einer effektiveren Einflussnahme führt.

Gesichtsausdrücke: Unser Gesichtsausdruck
kann ein breites Spektrum an Emotionen
vermitteln und großen Einfluss darauf haben, wie
unsere Botschaft wahrgenommen wird. Ein
aufrichtiges Lächeln, eine gerunzelte Stirn oder eine
hochgezogene Augenbraue können unterschiedliche
Gefühle und Einstellungen zum Ausdruck bringen.
Wenn wir uns unserer eigenen Mimik bewusst sind
und die Mimik anderer interpretieren, können wir
deren Emotionen, Reaktionen und Empfänglichkeit
für unsere Botschaft einschätzen. Wenn wir auf
unseren Gesichtsausdruck achten und ihn an
unsere Botschaft und den Kontext anpassen,
können wir unsere Fähigkeit verbessern, andere im
Stillen zu beeinflussen.

Gesten: Gesten wie Handbewegungen, Nicken
oder Zeigen können unsere Botschaft verstärken
und unserer Kommunikation Nachdruck verleihen.
Allerdings können Gesten auch falsch interpretiert
oder abgelenkt werden, wenn sie nicht richtig
eingesetzt werden. Um Gesten zu beherrschen,
müssen wir sie gezielt und bewusst einsetzen, uns
kultureller Unterschiede bei Gesten bewusst sein

und sicherstellen, dass unsere Gesten mit unserer Botschaft und Absicht übereinstimmen.

Tonfall: Unser Tonfall, einschließlich Tonhöhe, Lautstärke und Tempo, kann Emotionen, Einstellungen und Bedeutungen vermitteln, die unsere Kommunikation beeinflussen. Zu schnelles, zu lautes oder monotones Sprechen kann unsere Botschaft abschwächen, während zu leises oder zu langsames Sprechen zu mangelndem Selbstvertrauen oder Autorität führen kann. Um den Tonfall zu beherrschen, müssen wir darauf achten, wie wir sprechen, unseren Ton an unsere Botschaft und unser Publikum anpassen und ihn effektiv nutzen, um unseren Einfluss auf subtile Weise zu vermitteln.

Hörhinweise: Auch nonverbale Hinweise des Sprechers, wie etwa seine Körpersprache, sein Gesichtsausdruck und sein Tonfall, können wichtige Informationen für effektives Zuhören liefern. Wenn wir auf diese Hinweise achten, können wir die Emotionen, Perspektiven und zugrunde liegenden Botschaften des Sprechers besser verstehen und entsprechend reagieren. Um Zuhörersignale zu beherrschen, müssen wir aktiv und einfühlsam zuhören, aufmerksam sein und nonverbale Signale genau interpretieren, um unsere Fähigkeit zu verbessern, andere zu beeinflussen.

Die Beherrschung der nonverbalen Kommunikation ist ein wesentlicher Aspekt der Kunst des Zuhörens und der stillen Beeinflussung. Indem wir auf unsere eigene Körpersprache, Mimik, Gestik, Tonfall und Zuhörerhinweise achten und die nonverbalen Hinweise anderer genau interpretieren und darauf reagieren, können wir unsere Kommunikationsfähigkeiten verbessern und auf subtile Weise effektiv andere beeinflussen. Im nächsten Kapitel werden wir Techniken zur Beherrschung der nonverbalen Kommunikation in bestimmten Situationen wie Verhandlungen, Präsentationen und zwischenmenschlichen Interaktionen untersuchen, um unsere Fähigkeiten zur stillen Beeinflussung weiter zu verfeinern.

Kapitel 3: Die Kunst des Beobachtens

Die Bedeutung scharfer Beobachtung

Beobachtung ist eine mächtige Fähigkeit, die unsere Fähigkeit, andere im Stillen zu beeinflussen, erheblich verbessern kann. Indem wir unsere Umgebung, Menschen und Situationen genau beobachten, können wir wertvolle Informationen sammeln, Erkenntnisse gewinnen und fundierte Entscheidungen treffen. In diesem Kapitel werden wir die Bedeutung scharfer Beobachtung in der Kunst der stillen Beeinflussung eingehend untersuchen und Strategien zur Entwicklung dieser Fähigkeit diskutieren.

Bewusstsein entwickeln: Der erste Schritt in der Kunst des Beobachtens ist die Entwicklung des Bewusstseins. Dazu gehört, im Augenblick präsent zu sein, auf unsere Umgebung zu achten und offen für Informationen und Hinweise zu sein, die vielleicht nicht sofort offensichtlich sind. Achtsamkeit, Neugier und eine offene Denkweise können uns helfen, aufmerksamer und

empfänglicher für subtile Details zu werden, die
unsere Einflussstrategien beeinflussen können.

Informationen sammeln: Beim Beobachten
geht es darum, aktiv nach Informationen aus
verschiedenen Quellen zu suchen und diese zu
sammeln, beispielsweise aus verbalen und
nonverbalen Hinweisen, Handlungen,
Verhaltensweisen und Umweltfaktoren. Dazu kann
gehören, auf Körpersprache, Mimik, Tonfall und
andere nonverbale Hinweise zu achten und
aufmerksam dem Gesagten und Ungesagten
zuzuhören. Das Erkennen von Mustern, Trends und
Inkonsistenzen kann wertvolle Erkenntnisse
liefern, die unseren Einflussansatz beeinflussen
können.

Informationen zum Dolmetschen: Sobald wir
durch Beobachtung Informationen gesammelt
haben, besteht der nächste Schritt darin, sie zu
interpretieren und zu analysieren. Dazu gehört es,
die von uns gesammelten Daten zu verstehen,
zugrunde liegende Bedeutungen, Motivationen und
Emotionen zu identifizieren und den Kontext und
die Auswirkungen der Informationen zu verstehen.
Effektives Dolmetschen erfordert kritisches
Denken, emotionale Intelligenz und die Fähigkeit,
zwischen den Zeilen zu lesen, um ein tieferes

Verständnis der Situation und der beteiligten Personen zu erlangen.

Fundierte Entscheidungen treffen: Die durch genaue Beobachtung gesammelten und interpretierten Informationen können uns helfen, fundierte Entscheidungen über unsere Einflussstrategien zu treffen. Dazu kann die Bestimmung des am besten geeigneten Ansatzes, des richtigen Zeitpunkts und der geeignetsten Taktik gehören, um andere subtil zu beeinflussen. Basierend auf unseren Beobachtungen können wir beispielsweise entscheiden, unseren Kommunikationsstil anzupassen, unsere Botschaft anzupassen oder unser Verhalten so anzupassen, dass es mit der beobachteten Dynamik übereinstimmt und unsere Erfolgschancen bei der Beeinflussung anderer erhöht.

Anpassungsfähigkeit und Flexibilität: Zur scharfen Beobachtung gehört auch Anpassungsfähigkeit und Flexibilität im Vorgehen. Während wir beobachten und Informationen sammeln, müssen wir möglicherweise unsere Strategien anpassen oder unsere Vorgehensweise entsprechend der sich entwickelnden Situation ändern. Wenn wir offen für neue Informationen, Rückmeldungen und Erkenntnisse sind und bereit sind, unsere Einflussstrategien entsprechend anzupassen, können wir unsere Wirksamkeit bei der stillen Beeinflussung anderer steigern.

Scharfe Beobachtung ist eine entscheidende Fähigkeit in der Kunst der stillen Beeinflussung. Indem wir Bewusstsein entwickeln, Informationen sammeln, diese interpretieren, fundierte Entscheidungen treffen und anpassungsfähig sind, können wir unsere Beobachtungsfähigkeit verbessern und Erkenntnisse gewinnen, die unsere Einflussstrategien beeinflussen. Im nächsten Kapitel werden wir untersuchen, wie wir die Kunst des Beobachtens in bestimmten Situationen anwenden können, beispielsweise bei Verhandlungen, Konfliktlösung und Entscheidungsfindung, um unsere Fähigkeiten zur stillen Beeinflussung weiter zu verbessern.

Körpersprache und Mikroausdrücke verstehen

Körpersprache und Mikroausdrücke sind wirkungsvolle nonverbale Hinweise, die eine Fülle von Informationen über die Gedanken, Gefühle und Absichten einer Person offenbaren können. In diesem Kapitel werden wir uns eingehend mit der Bedeutung des Verständnisses der Körpersprache und der Mikroausdrücke für die Kunst des Beobachtens befassen, um einen stillen Einfluss zu erkennen.

Körpersprache: Unter Körpersprache versteht man die nonverbale Kommunikation, die durch körperliche Bewegungen, Gesten, Körperhaltungen, Gesichtsausdrücke und Augenkontakt ausgedrückt wird. Es kann Einblicke in die Emotionen, Einstellungen und den Grad des Wohlbefindens oder Unbehagens einer Person in einer bestimmten Situation geben. Durch die genaue Beobachtung der Körpersprache können wir wertvolle Informationen gewinnen, die unseren Einflussansatz beeinflussen können.

- Körperhaltungen verstehen: Verschiedene Körperhaltungen, wie offene, geschlossene oder defensive Haltungen, können den Grad der Empfänglichkeit, des Selbstvertrauens oder der Abwehrhaltung einer Person vermitteln. Beispielsweise können verschränkte Arme oder Beine auf Abwehr oder Widerstand hinweisen, während offene Arme und eine entspannte Haltung auf

Empfänglichkeit und Offenheit hinweisen können.

- Gesten interpretieren: Gesten wie Handbewegungen, Gesichtsausdrücke und Kopfnicken können Hinweise auf die Emotionen, Absichten und den Grad des Engagements einer Person geben. Wenn beispielsweise eine Person beim Zuhören mit dem Kopf nickt, kann dies auf Zustimmung oder Verständnis hinweisen, während gerunzelte Brauen auf Verwirrung oder Besorgnis hinweisen können.

- Augenkontakt: Augenkontakt ist ein entscheidender nonverbaler Hinweis, der den Grad des Engagements, des Vertrauens oder des Unbehagens einer Person offenbaren kann. Während eines Gesprächs Augenkontakt aufrechtzuerhalten, kann Aufmerksamkeit und Aufrichtigkeit signalisieren, während die Vermeidung von Augenkontakt Desinteresse oder Täuschung vermitteln kann.

- Mikroausdrücke: Mikroausdrücke sind kurze und unwillkürliche Gesichtsausdrücke, die im Bruchteil einer Sekunde auftreten und die

wahren Gefühle einer Person offenbaren
können, selbst wenn sie versucht, sie zu
verbergen. Durch das Verständnis von
Mikroausdrücken können wir Einblicke in
die zugrunde liegenden Emotionen einer
Person gewinnen, die unsere
Einflussstrategien beeinflussen können.

- Mikroausdrücke identifizieren:
  Mikroausdrücke können subtil und flüchtig
  sein, aber eine genaue Beobachtung kann
  uns helfen, sie zu identifizieren.
  Beispielsweise kann ein leichtes Zucken der
  Lippe, eine gerunzelte Stirn oder eine
  schnelle Veränderung des Gesichtsausdrucks
  ein Hinweis auf die wahren Gefühle einer
  Person sein.

- Interpretieren von Mikroausdrücken: Sobald
  sie identifiziert sind, erfordert die
  Interpretation von Mikroausdrücken
  emotionale Intelligenz und Empathie. Das
  Verständnis der zugrunde liegenden
  Emotionen wie Wut, Angst, Traurigkeit oder
  Freude kann uns helfen, unsere
  Einflussstrategien entsprechend anzupassen.

- Kontextuelles Verständnis: Es ist wichtig zu beachten, dass Körpersprache und Mikroausdrücke im Kontext der Situation, kulturellen Normen und individuellen Unterschieden interpretiert werden sollten. Eine bestimmte Geste oder ein bestimmter Ausdruck kann in unterschiedlichen Kontexten unterschiedliche Bedeutungen haben, und es ist wichtig, den Gesamtkontext zu berücksichtigen, um Fehlinterpretationen zu vermeiden.

Ethische Überlegungen: Es ist von entscheidender Bedeutung, unser Verständnis von Körpersprache und Mikroausdrücken ethisch und verantwortungsvoll zu nutzen. Bei der Interpretation nonverbaler Hinweise sollte stets die Achtung der Privatsphäre, der Einwilligung und der kulturellen Sensibilität berücksichtigt werden, und wir sollten es vermeiden, Annahmen oder Urteile zu fällen, die ausschließlich auf der Körpersprache oder Mikroausdrücken basieren.

Das Verstehen der Körpersprache und der Mikroausdrücke ist ein wirkungsvolles Werkzeug in der Kunst, stille Einflüsse zu beobachten. Durch genaues Beobachten und Interpretieren nonverbaler Hinweise können wir wertvolle

Einblicke in die Emotionen, Absichten und den Grad des Engagements einer Person gewinnen, die unsere Einflussstrategien beeinflussen können. Im nächsten Kapitel werden wir weitere Strategien und Techniken untersuchen, um die Kunst des Beobachtens in verschiedenen Kontexten wie Verhandlungen, Konfliktlösung und Entscheidungsfindung anzuwenden, um unsere Fähigkeiten zur stillen Einflussnahme zu verbessern.

Unausgesprochene Bedürfnisse und Wünsche erkennen

Bei der Beobachtung von stillem Einfluss ist es wichtig, nicht nur zuzuhören, was gesagt wird, sondern auch genau darauf zu achten, was ungesagt bleibt. Unausgesprochene Bedürfnisse und Wünsche können wertvolle Einblicke in die Motivationen, Prioritäten und den emotionalen Zustand einer Person geben. In diesem Kapitel werden wir uns eingehend damit befassen, wie wichtig es ist, unausgesprochene Bedürfnisse und Wünsche zu erkennen und wie es unsere Fähigkeit zur stillen Beeinflussung verbessern kann.

Unausgesprochene Bedürfnisse und Wünsche verstehen: Unausgesprochene Bedürfnisse und Wünsche sind die zugrunde liegenden Wünsche, Wünsche und Emotionen, die von einer Person möglicherweise nicht explizit geäußert werden, aber durch sorgfältige Beobachtung abgeleitet werden können. Sie können von einfachen Vorlieben bis hin zu tief verwurzelten emotionalen Bedürfnissen reichen und einen großen Einfluss auf das Verhalten und die Entscheidungsfindung einer Person haben.

Scharfe Beobachtung: Das Erkennen unausgesprochener Bedürfnisse und Wünsche erfordert eine ausgeprägte Beobachtungsgabe. Es geht darum, auf verbale und nonverbale Hinweise sowie kontextuelle Faktoren zu achten, um zu erkennen, was eine Person möglicherweise nicht direkt zum Ausdruck bringt. Beispielsweise können subtile Veränderungen im Tonfall, im Gesichtsausdruck, in der Körpersprache oder beim Sprechen Hinweise auf die unausgesprochenen Bedürfnisse und Wünsche einer Person geben.

Empathie und emotionale Intelligenz: Empathie und emotionale Intelligenz sind entscheidend, um unausgesprochene Bedürfnisse und Wünsche zu erkennen. Dabei geht es darum, sich in die Lage der anderen Person zu versetzen, ihre Gefühle zu verstehen und ihre unausgesprochenen Bedürfnisse und Wünsche genau interpretieren zu können. Dies erfordert nicht nur die Beobachtung der Person, sondern auch das Verständnis ihrer Emotionen, Motivationen und Perspektiven, um einen tieferen Einblick in ihre unausgesprochenen Bedürfnisse und Wünsche zu gewinnen.

Kontextuelles Verständnis: Es ist wichtig, den Kontext zu berücksichtigen, in dem unausgesprochene Bedürfnisse und Wünsche beobachtet werden. Kulturelle Normen, soziale Dynamiken und individuelle Unterschiede können sich darauf auswirken, wie unausgesprochene Bedürfnisse und Wünsche geäußert oder zurückgehalten werden. Die Berücksichtigung des breiteren Kontexts kann dabei helfen, unausgesprochene Bedürfnisse und Wünsche genau zu interpretieren und Fehlinterpretationen oder Missverständnisse zu vermeiden.

Ethische Überlegungen: Das Erkennen unausgesprochener Bedürfnisse und Wünsche sollte unter größter Achtung der Privatsphäre, Einwilligung und ethischen Erwägungen erfolgen. Es ist wichtig, die Einwilligung einzuholen, wenn man versucht, die unausgesprochenen Bedürfnisse und Wünsche einer Person zu verstehen, und alle erhaltenen Informationen vertraulich und ehrlich zu behandeln. Es ist auch wichtig, sich möglicher Vorurteile oder Annahmen bewusst zu sein, die unsere Interpretation unausgesprochener Bedürfnisse und Wünsche beeinflussen könnten, und den Prozess mit Empathie und Respekt anzugehen.

Anwendung in Einflussstrategien: Das Erkennen unausgesprochener Bedürfnisse und

Wünsche kann unsere Einflussstrategien maßgeblich beeinflussen. Indem wir die zugrunde liegenden Motivationen und emotionalen Bedürfnisse einer Person verstehen, können wir unseren Ansatz so anpassen, dass er besser bei ihm ankommt und effektiv auf seine unausgesprochenen Bedürfnisse und Wünsche eingeht. Dies kann unsere Fähigkeit verbessern, andere auf subtile und wirkungsvolle Weise zu beeinflussen, ohne uns ausschließlich auf verbale Kommunikation zu verlassen.

Das Erkennen unausgesprochener Bedürfnisse und Wünsche ist eine entscheidende Fähigkeit in der Kunst des Beobachtens, um stillen Einfluss zu erlangen. Indem wir verbale und nonverbale Hinweise genau beobachten und interpretieren sowie den breiteren Kontext berücksichtigen, können wir wertvolle Einblicke in die Motivationen, Emotionen und Prioritäten einer Person gewinnen, die unsere Einflussstrategien beeinflussen können. Im nächsten Kapitel werden wir weitere Strategien und Techniken untersuchen, um die Kunst des Beobachtens auf verschiedene Kontexte wie Führung, Verkauf und zwischenmenschliche Beziehungen anzuwenden, um unsere Fähigkeiten zur stillen Einflussnahme zu verbessern.

Beobachtung als strategisches Instrument zur Einflussnahme nutzen

Beobachtung ist ein mächtiges Werkzeug in der Kunst der Einflussnahme, und wenn sie strategisch eingesetzt wird, kann sie unsere Fähigkeit, andere subtil und effektiv zu beeinflussen, erheblich verbessern. In diesem Kapitel werden wir uns eingehend mit der Frage befassen, wie Beobachtung als strategisches Instrument zur Einflussnahme eingesetzt werden kann, und detaillierte Einblicke und Techniken zur Nutzung der Beobachtung in verschiedenen Kontexten liefern.

Strategische Beobachtung: Bei der strategischen Beobachtung geht es darum, andere absichtlich und systematisch zu beobachten, um Erkenntnisse zu gewinnen, Informationen zu sammeln und ihr Verhalten, ihre Vorlieben und Motivationen zu verstehen. Es geht über die beiläufige Beobachtung hinaus und erfordert einen zielgerichteten und fokussierten Ansatz, um wertvolle Daten zu sammeln, die unsere Einflussstrategien beeinflussen können.

Muster und Trends erkennen: Bei der strategischen Beobachtung geht es darum, Muster und Trends im Verhalten, Handeln und in der Kommunikation anderer zu erkennen. Indem wir wiederholte Verhaltensweisen, Hinweise oder Reaktionen sorgfältig beobachten und notieren, können wir zugrunde liegende Muster aufdecken, die wichtige Erkenntnisse über die Vorlieben, Werte und Motivationen einer Person liefern können. Dies kann es uns ermöglichen, unsere Einflussstrategien entsprechend anzupassen und effektiv auf ihre Bedürfnisse und Wünsche einzugehen.

Nonverbale Kommunikation: Nonverbale Kommunikation spielt bei der Beobachtung eine wichtige Rolle und kann wertvolle Informationen über die Gefühle, Einstellungen und Absichten einer Person liefern. Das Verstehen und Interpretieren nonverbaler Hinweise wie Mimik, Körpersprache, Gesten und Augenkontakt kann Einblicke in den emotionalen Zustand, den Grad des Engagements und die Empfänglichkeit einer Person für Einflussnahme geben. Dies kann uns helfen, unseren Ansatz anzupassen und unsere Einflussstrategien entsprechend anzupassen.

Hörfähigkeiten: Aktives Zuhören ist ein wichtiger Bestandteil der Beobachtung und kann wertvolle Informationen über die Gedanken,

Gefühle und Perspektiven einer Person liefern. Indem wir anderen wirklich zuhören, können wir Einblicke in ihre Motivationen, Sorgen und Wünsche gewinnen, die unsere Einflussstrategien beeinflussen können. Dazu gehört nicht nur, dem Gesagten zuzuhören, sondern auch auf den Tonfall, Pausen, Zögern und andere verbale Hinweise zu achten, die Einblicke in unausgesprochene Bedürfnisse und Wünsche geben können.

Kontextuelles Verständnis: Die Beobachtung sollte im Kontext der Situation, Umgebung und Kultur erfolgen, in der sie auftritt. Faktoren wie kulturelle Normen, soziale Dynamiken und individuelle Unterschiede können sich darauf auswirken, wie Beobachtungen interpretiert und zur Beeinflussung genutzt werden. Wenn wir uns des Kontexts bewusst sind und unsere Beobachtungstechniken entsprechend anpassen, können wir die aus der Beobachtung gewonnenen Erkenntnisse genau interpretieren und nutzen.

Ethische Überlegungen: Ethische Überlegungen sollten stets im Hinterkopf behalten werden, wenn Beobachtung als Instrument der Einflussnahme eingesetzt wird. Es ist wichtig, die Privatsphäre und Zustimmung anderer zu respektieren und keine unethischen oder aufdringlichen Praktiken anzuwenden. Die Beobachtung sollte mit Integrität, Professionalität und Respekt vor den Grenzen und Rechten anderer erfolgen.

Anwendung in Einflussstrategien: Beobachtung kann in verschiedenen Einflussstrategien eingesetzt werden, etwa beim Aufbau von Beziehungen, der Anpassung der Kommunikation und der Anpassung von Überzeugungstechniken, um sie an die Vorlieben und Motivationen einer Person anzupassen. Indem wir die aus der Beobachtung gewonnenen Erkenntnisse nutzen, können wir unsere Einflussstrategien verbessern und ihre Wirksamkeit steigern, ohne uns ausschließlich auf verbale Kommunikation zu verlassen.

Beobachtung ist ein wirkungsvolles und strategisches Instrument zur Einflussnahme und liefert wertvolle Einblicke in das Verhalten, die Emotionen und die Motivationen anderer. Indem wir andere absichtlich und systematisch beobachten, Muster erkennen, nonverbale Hinweise interpretieren und aktiv zuhören, können wir wichtige Informationen sammeln, die unsere Einflussstrategien beeinflussen können. Es ist jedoch wichtig, stets den Kontext zu berücksichtigen, ethische Erwägungen zu respektieren und die Beobachtung mit Integrität und Professionalität durchzuführen. Im nächsten Kapitel werden wir weitere Strategien und Techniken untersuchen, um Beobachtung als strategisches Instrument zur Einflussnahme in verschiedenen Kontexten wie Führung, Verhandlung und zwischenmenschlichen Beziehungen zu nutzen, um unsere Fähigkeiten zur stillen Einflussnahme zu verbessern.

Kapitel 4: Die Kunst der Empathie

Empathie als Schlüsselkompetenz für stillen Einfluss entwickeln

Empathie ist eine entscheidende Fähigkeit in der Kunst der Einflussnahme, insbesondere wenn es um stille Einflussnahme geht. Es geht darum, die Emotionen, Gedanken und Erfahrungen anderer zu verstehen und zu teilen und ist ein wesentlicher Bestandteil für den Aufbau von Beziehungen, das Verstehen von Perspektiven und die Beeinflussung von Verhalten. In diesem Kapitel werden wir uns eingehend mit Empathie als Schlüsselkompetenz für stille Einflussnahme befassen und detaillierte Einblicke und Techniken zur Entwicklung von Empathie in verschiedenen Kontexten liefern.

Empathie verstehen: Empathie bedeutet, uns in die Lage anderer zu versetzen, die Welt aus ihrer Perspektive zu sehen und ihre Gefühle und Gedanken zu erleben. Es erfordert aktives Zuhören, Präsenz sowie echtes Verständnis und Mitgefühl gegenüber anderen. Empathie geht über Mitleid hinaus, was Mitleid mit anderen mit sich bringt, und versucht stattdessen, ihre Erfahrungen und Emotionen wirklich zu verstehen und sich mit ihnen zu verbinden.

Empathie und Beziehungsaufbau: Empathie ist ein grundlegender Baustein für den Aufbau von Beziehung und Vertrauen, die entscheidende Komponenten für wirksamen Einfluss sind. Wenn wir Empathie gegenüber anderen zeigen, schaffen wir eine Verbindung und schaffen ein Gefühl des Verständnisses und Vertrauens. Dies trägt dazu bei, ein positives und empfängliches Umfeld für die Beeinflussung anderer zu schaffen, da sie sich verstanden und wertgeschätzt fühlen.

Entwicklung empathischer Zuhörfähigkeiten: Einfühlsames Zuhören ist ein Schlüsselaspekt bei der Entwicklung von Empathie. Dabei geht es nicht nur darum, die gesprochenen Worte zu hören, sondern auch die Emotionen, Bedürfnisse und Wünsche zu verstehen, die der Kommunikation zugrunde liegen. Empathisches Zuhören erfordert völlige Präsenz, Zurückhaltung des Urteilsvermögens sowie echte Neugier und Interesse daran, die Perspektive der anderen Person zu verstehen.

Perspektiven einnehmen: Empathie bedeutet, sich aktiv in die Lage anderer zu versetzen und die Situation aus deren Perspektive zu betrachten. Dazu müssen wir unsere eigenen Vorurteile, Annahmen und Überzeugungen beiseite legen und wirklich versuchen, den Standpunkt der anderen Person zu verstehen. Die Perspektivenübernahme hilft uns, Einblicke in ihre Gedanken, Gefühle und Motivationen zu gewinnen, die unsere Einflussstrategien beeinflussen können.

Emotionale Intelligenz: Emotionale Intelligenz, zu der die Fähigkeit gehört, unsere eigenen Emotionen sowie die Emotionen anderer zu verstehen und zu verwalten, ist eng mit Empathie verbunden. Durch die Entwicklung unserer emotionalen Intelligenz können wir unsere eigenen Emotionen besser verstehen und regulieren sowie die Emotionen anderer genau wahrnehmen und darauf reagieren. Dies kann uns helfen, eine Beziehung aufzubauen, Konflikte zu bewältigen und emotional aufgeladene Situationen mit Empathie zu meistern.

Empathie in schwierigen Situationen: Empathie ist besonders wichtig in schwierigen oder herausfordernden Situationen, in denen die

Emotionen erhöht sein können und es zu Konflikten oder Meinungsverschiedenheiten kommen kann. Indem wir Empathie gegenüber anderen zeigen, können wir Spannungen abbauen, Konflikte deeskalieren und ein förderliches Umfeld für die Lösung von Problemen und die positive Beeinflussung schaffen.

Empathie kultivieren: Empathie ist eine Fähigkeit, die im Laufe der Zeit durch Übung und Selbstbewusstsein kultiviert und entwickelt werden kann. Es erfordert die aktive Entscheidung, empathisch zu sein, und den bewussten Einsatz von Empathie in unseren Interaktionen mit anderen. Dazu kann es gehören, eine vorurteilsfreie Haltung einzunehmen, aktiv und einfühlsam zuzuhören, Perspektiven zu übernehmen und unsere emotionale Intelligenz kontinuierlich weiterzuentwickeln.

Ethische Überlegungen: Ethische Überlegungen sind wichtig, wenn Empathie als Einflussinstrument eingesetzt wird. Es ist wichtig, in unseren einfühlsamen Interaktionen aufrichtig und aufrichtig zu sein und die Gefühle anderer nicht zu manipulieren oder auszunutzen, um persönliche Vorteile zu erzielen. Empathie sollte mit Integrität, Respekt vor den Emotionen und

Grenzen anderer und im Einklang mit ethischen Grundsätzen eingesetzt werden.

Empathie ist eine entscheidende Fähigkeit in der Kunst der stillen Beeinflussung, die es uns ermöglicht, mit anderen in Kontakt zu treten, ihre Perspektiven zu verstehen und ihr Verhalten positiv zu beeinflussen. Indem wir unsere Empathiefähigkeiten entwickeln, indem wir Empathie verstehen, empathisches Zuhören kultivieren, Perspektivenübernahme üben, emotionale Intelligenz entwickeln und Empathie in schwierigen Situationen anwenden, können wir unsere Fähigkeit verbessern, andere still und leise zu beeinflussen. Es ist wichtig, Empathie mit Aufrichtigkeit, Integrität und ethischer Rücksichtnahme zu nutzen und kontinuierlich danach zu streben, unser Einfühlungsvermögen zu verbessernFähigkeiten durch Übung und Selbstbewusstsein. Auf diese Weise können wir effektivere Influencer werden und sinnvolle Beziehungen aufbauen, die auf Vertrauen, Verständnis und gegenseitigem Respekt basieren.

UNDMpathie ist nicht nur eine Soft Skill, sondern ein wirksames Werkzeug zur stillen Beeinflussung. Es erfordert aktives Engagement, echtes Verständnis und eine mitfühlende Verbindung mit anderen. Durch Empathie können wir einen positiven Einfluss auf andere ausüben, gesunde Beziehungen pflegen und herausfordernde Situationen mit Anmut und Effektivität meistern.

Wenn Sie sich auf den Weg machen, Empathie als Schlüsselkompetenz für ruhige Einflussnahme zu kultivieren, denken Sie daran, aktives Zuhören zu üben, sich auf die Übernahme von Perspektiven einzulassen, Ihre emotionale Intelligenz zu entwickeln und Empathie mit Aufrichtigkeit und ethischen Überlegungen anzuwenden. Auf diese Weise sind Sie besser in der Lage, auf einer tieferen Ebene mit anderen in Kontakt zu treten, ihre Bedürfnisse und Wünsche zu verstehen und ihr Verhalten auf authentische, respektvolle und wirkungsvolle Weise zu beeinflussen.

Techniken für einfühlsame Kommunikation

Einfühlsame Kommunikation ist eine wichtige Fähigkeit zur stillen Beeinflussung, da sie es uns ermöglicht, andere wirklich zu verstehen und auf einer tiefen emotionalen Ebene mit ihnen in Kontakt zu treten. Dabei geht es nicht nur um

Zuhören und Verstehen, sondern auch um die aktive Vermittlung unserer Empathie in der Kommunikation mit anderen. Hier sind einige ausführliche und detaillierte Techniken für einfühlsame Kommunikation:

Reflektiertes Zuhören: Beim reflektierenden Zuhören geht es darum, das Gesagte des Sprechers zu paraphrasieren oder zusammenzufassen, um zu zeigen, dass Sie seine Botschaft verstanden haben. Mit dieser Technik können Sie Ihr Verständnis verdeutlichen und zeigen, dass Sie sich aktiv an der Konversation beteiligen. Sie können zum Beispiel sagen: „Was ich Sie sagen höre, ist ..." oder „Es hört sich an, als würden Sie ..."

Validierung: Bei der Validierung geht es darum, die Gefühle und Erfahrungen der anderen Person ohne Urteil anzuerkennen und zu akzeptieren. Diese Technik zeigt, dass Sie ihre Emotionen und Erfahrungen als gültig und wichtig bewerten, auch wenn Sie ihnen möglicherweise nicht zustimmen. Sie können Dinge sagen wie: „Ich verstehe, wie Sie sich fühlen" oder „Es ist verständlich, dass Sie so denken."

Offene Fragen: Durch das Stellen offener Fragen wird der Sprecher dazu ermutigt, mehr über seine

Gedanken, Gefühle und Erfahrungen zu erzählen, was zu einem tieferen Verständnis führt. Vermeiden Sie geschlossene Fragen, die mit einem einfachen „Ja" oder „Nein" beantwortet werden können. Verwenden Sie stattdessen Fragen, die mit „Was", „Wie" oder „Erzählen Sie mir mehr über ..." beginnen, um detailliertere Antworten zu erhalten.

Nicht wertende Sprache: Die Verwendung einer nicht wertenden Sprache trägt dazu bei, eine sichere und nicht bedrohliche Umgebung für offene Kommunikation zu schaffen. Vermeiden Sie die Verwendung von Wörtern oder Phrasen, die kritisch oder wertend wirken könnten, da dies eine wirksame einfühlsame Kommunikation behindern kann. Verwenden Sie stattdessen eine neutrale und nicht vorwerfende Sprache, um Akzeptanz und Verständnis zu zeigen.

Emotionale Bestätigung: Die Emotionen der anderen Person zu bestätigen und anzuerkennen kann ein wirksames Werkzeug für einfühlsame Kommunikation sein. Zeigen Sie Empathie, indem Sie ihre Gefühle mit Sätzen wie „Das muss schwierig für Sie gewesen sein" oder „Ich kann mir vorstellen, wie Sie sich dabei gefühlt haben" anerkennen. Dies bestätigt ihre Emotionen und zeigt Ihr Verständnis und Mitgefühl.

Umschreiben und zusammenfassen: Beim Paraphrasieren und Zusammenfassen müssen Sie die Botschaft des Sprechers mit Ihren eigenen Worten umformulieren, um ein genaues Verständnis sicherzustellen. Diese Technik hilft Ihnen, Ihr Verständnis zu bestätigen und ermöglicht es dem Sprecher, bei Bedarf Klarheit zu schaffen oder zusätzliche Informationen bereitzustellen. Sie können zum Beispiel sagen: „Lassen Sie mich sicherstellen, dass ich es richtig verstehe. Sie sagen das ...“

Achtsame Präsenz: Für eine empathische Kommunikation ist es entscheidend, im Gespräch völlig präsent und aufmerksam zu sein. Vermeiden Sie Ablenkungen und zeigen Sie echtes Interesse an der Botschaft des Sprechers. Üben Sie aktives Zuhören, halten Sie den Augenkontakt aufrecht und geben Sie geeignete nonverbale Signale wie Nicken oder Lächeln, um zu zeigen, dass Sie vollständig präsent und engagiert sind.

Unterbrechungen vermeiden: Eine Unterbrechung kann den Gesprächsfluss stören und eine einfühlsame Kommunikation behindern. Üben Sie Geduld und Selbstbeherrschung, um den Redner nicht zu unterbrechen. Lassen Sie sie ihre

Gedanken zu Ende bringen und sich vollständig ausdrücken, bevor Sie antworten.

Einfühlsame Körpersprache üben: Auch Ihre Körpersprache kann Empathie vermitteln. Behalten Sie eine offene und nicht bedrohliche Haltung bei, schauen Sie dem Redner gegenüber, halten Sie Augenkontakt und verwenden Sie einen angemessenen Gesichtsausdruck, um Empathie zu zeigen. Vermeiden Sie es, die Arme zu verschränken, wegzuschauen oder negative nonverbale Signale zu zeigen, die eine einfühlsame Kommunikation behindern können.

Mit Empathie reagieren: Um mit Empathie zu antworten, müssen Sie in Ihrer Antwort Verständnis, Bestätigung und Fürsorge zum Ausdruck bringen. Sie können Sätze wie „Ich höre Sie“, „Das macht Sinn“ oder „Ich verstehe“ verwenden, um Empathie auszudrücken. Denken Sie daran, in Ihren Antworten echt und aufrichtig zu sein, um Vertrauen und eine Verbindung zum Redner aufzubauen.

Durch die Anwendung dieser Techniken für einfühlsame Kommunikation können Sie eine sichere und unterstützende Umgebung für effektive Kommunikation schaffen.

Navigieren mit emotionaler Intelligenz in Einflusssituationen

Emotionale Intelligenz ist ein entscheidender Aspekt der Kunst der Empathie und spielt eine entscheidende Rolle bei der Beeinflussung anderer. Dabei geht es um die Fähigkeit, unsere eigenen Emotionen und die Emotionen anderer zu erkennen, zu verstehen und zu bewältigen. Wenn es darum geht, Situationen zu beeinflussen, kann ein hohes Maß an emotionaler Intelligenz unsere Fähigkeit, mit anderen in Kontakt zu treten, eine Beziehung aufzubauen und sie positiv zu beeinflussen, erheblich verbessern. Hier finden Sie einige ausführliche und detaillierte Tipps zum Umgang mit emotionaler Intelligenz in Einflusssituationen:

Selbstbewusstsein: Selbstbewusstsein ist die Grundlage emotionaler Intelligenz. Es geht darum, im Einklang mit unseren eigenen Emotionen, Gedanken und Verhaltensweisen zu sein und zu verstehen, wie diese unsere Interaktionen mit anderen beeinflussen. Indem wir uns selbst bewusst sind, können wir unsere Emotionen und Reaktionen in Einflusssituationen besser steuern. Nehmen Sie sich Zeit, über Ihre eigenen

Emotionen, Auslöser und Vorurteile nachzudenken und seien Sie sich darüber im Klaren, wie sich diese auf Ihre Fähigkeit auswirken können, sich in andere hineinzuversetzen und sie zu beeinflussen.

Empathie: Empathie ist die Fähigkeit, die Gefühle anderer zu verstehen und zu teilen. Es geht darum, uns in die Lage anderer zu versetzen, die Dinge aus ihrer Perspektive zu sehen und uns wirklich um ihre Gefühle und Erfahrungen zu kümmern. Fördern Sie Empathie, indem Sie aktiv zuhören, Emotionen bestätigen und echte Sorge um andere zeigen. Indem Sie die Emotionen anderer verstehen, können Sie Ihre Kommunikations- und Beeinflussungsstrategien besser darauf abstimmen, bei ihnen Anklang zu finden.

Emotionale Regulierung: Emotionale Regulierung ist die Fähigkeit, unsere eigenen Emotionen auf gesunde und konstruktive Weise zu verwalten. Es geht darum, unsere Emotionen zu erkennen und anzuerkennen, ohne von ihnen überwältigt zu werden, und nachdenklich und bewusst zu reagieren. Üben Sie in herausfordernden Einflusssituationen die emotionale Regulierung, indem Sie tief durchatmen, innehalten, bevor Sie reagieren, und negative Emotionen in positive Handlungen umwandeln.

Soziales Bewusstsein: Soziales Bewusstsein ist die Fähigkeit, die Emotionen und Bedürfnisse anderer in einem sozialen Kontext wahrzunehmen und zu verstehen. Dabei geht es darum, auf nonverbale Signale zu achten, subtile emotionale Signale wahrzunehmen und die Dynamik der Situation zu verstehen. Üben Sie soziales Bewusstsein, indem Sie die Körpersprache, den Tonfall und den Gesichtsausdruck anderer beobachten und auf das emotionale Klima in der Einflusssituation achten.

Flexibilität: Flexibilität ist die Fähigkeit, unseren Ansatz an die emotionalen Signale und Bedürfnisse anderer anzupassen. Es geht darum, offen für unterschiedliche Perspektiven zu sein, kompromissbereit zu sein und Gemeinsamkeiten zu finden. Vermeiden Sie Starrheit und dogmatisches Denken und seien Sie bereit, Ihre Einflussstrategien auf der Grundlage der emotionalen Intelligenz anderer anzupassen. Dies kann dazu beitragen, Vertrauen und Beziehungen aufzubauen und Ihre Erfolgschancen in Einflusssituationen zu erhöhen.

Authentizität: Authentizität bedeutet, im Umgang mit anderen authentisch, aufrichtig und sich selbst treu zu sein. Dazu gehört es, ehrlich mit seinen Gefühlen umzugehen, Mitgefühl aufrichtig auszudrücken und manipulatives oder unaufrichtiges Verhalten zu vermeiden. Authentizität schafft Vertrauen und Glaubwürdigkeit und ermöglicht es anderen, sich auf einer tieferen Ebene mit Ihnen zu verbinden. Üben Sie Authentizität, indem Sie Ihren Werten treu bleiben, Ihre Gefühle ehrlich ausdrücken und aufrichtige Fürsorge und Fürsorge für andere zeigen.

Einfühlsame Kommunikation: Einfühlsame Kommunikation ist, wie bereits erwähnt, eine Schlüsselkomponente der emotionalen Intelligenz. Dabei geht es darum, aktiv zuzuhören, Emotionen zu bestätigen, eine nicht wertende Sprache zu verwenden und mit Empathie zu reagieren. Effektive einfühlsame Kommunikation kann Ihnen helfen, mit anderen in Kontakt zu treten, ihre Bedürfnisse und Sorgen zu verstehen und sie positiv zu beeinflussen.

Probleme lösen: Problemlösung ist eine entscheidende Fähigkeit, Situationen zu beeinflussen. Dabei geht es darum, konstruktive

Lösungen zu finden, die auf die Bedürfnisse und Anliegen beider Parteien eingehen. Üben Sie das Lösen von Problemen, indem Sie aktiv nach Gemeinsamkeiten suchen, verschiedene Optionen erkunden und Win-Win-Lösungen finden, von denen alle Beteiligten profitieren. Vermeiden Sie es, sich ausschließlich auf Ihre eigene Agenda zu konzentrieren, und streben Sie stattdessen nach für beide Seiten vorteilhaften Ergebnissen, die die Emotionen und Bedürfnisse anderer berücksichtigen.

Widerstandsfähigkeit: Widerstandsfähigkeitist die Fähigkeit, sich von Rückschlägen, Herausforderungen und Misserfolgen zu erholen. In Einflusssituationen können Sie auf Widerstand, Zurückweisung oder sogar Ablehnung stoßen. Die Entwicklung von Resilienz kann Ihnen helfen, diese Herausforderungen zu meistern, ohne die Fassung zu verlieren oder aufzugeben. Üben Sie Resilienz, indem Sie eine positive Einstellung bewahren, Herausforderungen als Wachstumschancen betrachten und aus Fehlern lernen. Resilienz hilft Ihnen, bei Ihren Bemühungen, andere zu beeinflussen, konzentriert, beharrlich und motiviert zu bleiben.

Emotionale Grenzen: Emotionale Grenzen sind bei der Beeinflussung von Situationen wichtig, um sicherzustellen, dass Sie nicht übermäßig emotional werden oder von den Emotionen anderer überwältigt werden. Setzen Sie klare emotionale Grenzen, indem Sie Ihre eigenen Emotionen erkennen und nicht zulassen, dass sie Ihr Urteilsvermögen trüben oder Ihre Fähigkeit beeinträchtigen, sich einzufühlen und effektiv zu kommunizieren. Es ist auch wichtig, die emotionalen Grenzen anderer zu respektieren und sie nicht über ihr Komfortniveau hinauszudrängen. Durch die Schaffung gesunder emotionaler Grenzen können Sie Ihr emotionales Gleichgewicht bewahren und einflussreiche Situationen mit Anmut und Professionalität meistern.

Kulturelle sensibilität: Kulturelle Sensibilität ist entscheidend für die Beeinflussung von Situationen, insbesondere in einem vielfältigen und multikulturellen Umfeld. Dazu gehört, dass Sie sich der kulturellen Normen, Werte und Überzeugungen anderer bewusst sind und diese respektieren und Ihre Kommunikations- und Beeinflussungsstrategien entsprechend anpassen. Vermeiden Sie Annahmen oder Verallgemeinerungen, die auf Ihrer eigenen kulturellen Perspektive basieren, und bemühen Sie sich stattdessen darum, die einzigartigen kulturellen Hintergründe anderer zu verstehen und zu schätzen. Kulturelle Sensibilität wird Ihnen dabei helfen, Vertrauen, Beziehungen und Glaubwürdigkeit bei Personen mit unterschiedlichem kulturellen Hintergrund aufzubauen und Ihre Fähigkeit zu verbessern, sie positiv zu beeinflussen.

Reflektiertes Zuhören: Reflektiertes Zuhören ist eine wirkungsvolle Kommunikationstechnik, bei der man anderen aktiv zuhört und reflektiert, was sie sagen, um Verständnis zu zeigen. Es zeigt, dass Sie wirklich an ihrer Perspektive und ihren Emotionen interessiert sind und bestätigt ihre Gefühle. Üben Sie reflektierendes Zuhören, indem Sie Augenkontakt halten, Unterbrechungen vermeiden und zusammenfassen oder umschreiben, was die Person sagt, um sicherzustellen, dass Sie sie richtig verstanden haben. Reflektiertes Zuhören steigert nicht nur Ihr Einfühlungsvermögen, sondern fördert auch eine offene Kommunikation und Vertrauen.

Nonverbale Kommunikation: Bei der Beeinflussung von Situationen spielt die nonverbale Kommunikation eine wesentliche Rolle. Unsere Körpersprache, Mimik, Gestik und unser Tonfall können Emotionen vermitteln und andere noch stärker beeinflussen als unsere Worte. Achten Sie auf Ihre nonverbalen Hinweise und darauf, wie diese sich auf andere auswirken können. Behalten Sie eine offene und einladende Körpersprache bei, stellen Sie Augenkontakt her und verwenden Sie einen ruhigen und gelassenen Tonfall. Achten Sie auch auf die nonverbalen Hinweise anderer, da diese wertvolle Einblicke in deren Emotionen und Reaktionen geben können.

Emotionale Unterstützung: Die Bereitstellung emotionaler Unterstützung für andere ist ein entscheidender Aspekt der Empathie und kann ihre Empfänglichkeit für Ihre Botschaft stark beeinflussen. Zeigen Sie Empathie, indem Sie emotionale Unterstützung anbieten, ihre Gefühle bestätigen und Verständnis und Fürsorge zum Ausdruck bringen. Dies kann dazu beitragen, eine positive emotionale Verbindung herzustellen und Vertrauen aufzubauen, wodurch die Wahrscheinlichkeit erhöht wird, dass Ihr Gegenüber für Ihre Beeinflussungsbemühungen empfänglicher wird.

Achtsamkeit üben: Achtsamkeit ist die Praxis, völlig im Augenblick präsent zu sein, ohne zu urteilen oder sich ablenken zu lassen. Es geht darum, sich Ihrer Gedanken, Emotionen und Empfindungen im gegenwärtigen Moment bewusst zu sein. Das Üben von Achtsamkeit kann Ihnen helfen, in Einflusssituationen ruhig, konzentriert und aufmerksam zu bleiben, sodass Sie einfühlsamer und effektiver kommunizieren können. Nehmen Sie sich Zeit, Achtsamkeit durch Meditation, tiefes Atmen oder einfach durch völlige Präsenz bei Ihren Interaktionen mit anderen zu üben.

UNDBewegungsintelligenz ist ein entscheidender Bestandteil der Kunst der Empathie und spielt eine wichtige Rolle bei der Bewältigung von Einflusssituationen. Durch die Entwicklung von Selbstbewusstsein, Empathie, emotionaler Regulierung, sozialem Bewusstsein, Flexibilität, Authentizität, einfühlsamer Kommunikation, Fähigkeiten zur Problemlösung, Belastbarkeit, emotionalen Grenzen, kultureller Sensibilität, reflektierendem Zuhören, nonverbaler Kommunikation, Bereitstellung emotionaler Unterstützung und Achtsamkeitsübungen, Sie können Ihre Fähigkeit verbessern, mit anderen in Kontakt zu treten, eine Beziehung aufzubauen und sie positiv zu beeinflussen. Denken Sie daran, dass Empathie eine Fähigkeit ist, die durch Übung entwickelt und verfeinert werden kann und ein wesentliches Werkzeug ist

Empathie nutzen, um Verbindungen und Einfluss aufzubauen Ergebnisse

Empathie ist ein wirkungsvolles Werkzeug, das es Ihnen ermöglicht, auf einer tieferen Ebene mit anderen in Kontakt zu treten, ihre Emotionen und Perspektiven zu verstehen und Ergebnisse positiv zu beeinflussen. In diesem Kapitel werden wir untersuchen, wie Empathie genutzt werden kann, um sinnvolle Verbindungen aufzubauen und die Ergebnisse in verschiedenen Situationen zu beeinflussen.

Aufbau einer Beziehung: Rapport ist die Grundlage jeder erfolgreichen Interaktion, sei es eine berufliche Beziehung, eine Verhandlung oder ein persönliches Gespräch. Empathie spielt eine entscheidende Rolle beim Aufbau einer Beziehung, da sie es Ihnen ermöglicht, eine echte Verbindung zu anderen aufzubauen. Indem Sie Empathie und Verständnis für ihre Emotionen, Gedanken und Erfahrungen zeigen, können Sie ein Gefühl des Vertrauens und der Beziehung schaffen, das den

Weg für effektive Kommunikation und Einflussnahme ebnet.

Die Perspektiven anderer verstehen: Empathie ermöglicht es Ihnen, die Welt aus der Perspektive anderer zu sehen, ihre Gefühle zu verstehen und ihre Bedürfnisse und Motivationen zu erkennen. Dieses Verständnis ist der Schlüssel zur Beeinflussung anderer, da es Ihnen ermöglicht, Ihre Botschaften, Argumente und Ansätze so anzupassen, dass sie mit ihrer Perspektive in Einklang stehen. Indem Sie ihre Emotionen und Sorgen anerkennen und bestätigen, können Sie eine Brücke des Verständnisses bauen und eine gemeinsame Basis schaffen, die ihre Empfänglichkeit für Ihre Ideen oder Vorschläge erheblich beeinflussen kann.

Aktives Zuhören: Aktives Zuhören ist ein entscheidender Aspekt der Empathie, bei dem es darum geht, sich voll und ganz auf den Sprecher zu konzentrieren, ohne ihn zu unterbrechen oder zu beurteilen, und echtes Interesse an seinen Worten und Gefühlen zu zeigen. Wenn Sie aktiv zuhören, gewinnen Sie nicht nur ein tieferes Verständnis für die Perspektive des Sprechers, sondern signalisieren ihm auch, dass Ihnen seine Gedanken und Gefühle wichtig sind. Dies schafft eine positive emotionale Verbindung und hilft Ihnen, Beziehung und Vertrauen aufzubauen, was in jeder Situation einen starken Einfluss haben kann.

Emotionale Intelligenz: Empathie ist eine Schlüsselkomponente der emotionalen Intelligenz, die sich auf die Fähigkeit bezieht, die eigenen Emotionen und die Emotionen anderer zu erkennen, zu verstehen und zu bewältigen. Durch die Entwicklung emotionaler Intelligenz können Sie emotionale Situationen mit Geschick und Fingerspitzengefühl bewältigen und Ihr Verständnis von Emotionen nutzen, um die Ergebnisse positiv zu beeinflussen. Sie können beispielsweise emotionale Barrieren oder Bedenken identifizieren und ansprechen, die jemanden daran hindern könnten, sich Ihrem Einfluss zu öffnen.

Anpassen von Kommunikationsstilen: Empathie ermöglicht es Ihnen, Ihren Kommunikationsstil an die Bedürfnisse und Vorlieben anderer anzupassen. Unterschiedliche Personen haben unterschiedliche Kommunikationsstile, und was für eine Person funktionieren kann, funktioniert möglicherweise nicht für eine andere Person. Indem Sie sich in andere einfühlen, können Sie deren Kommunikationsstil einschätzen und Ihren Ansatz entsprechend anpassen. Beispielsweise bevorzugen einige Menschen möglicherweise eine direkte und durchsetzungsfähige Kommunikation, während andere möglicherweise besser auf einen sanfteren und unterstützenderen Ansatz reagieren. Indem Sie Ihren Kommunikationsstil so anpassen, dass er sich an andere anpasst, können Sie eine Beziehung aufbauen und die Ergebnisse effektiv beeinflussen.

Konflikte verwalten: Konflikte sind ein natürlicher Teil menschlicher Interaktionen und Empathie kann ein wirksames Instrument zur positiven Bewältigung von Konflikten sein. Indem Sie sich in die Emotionen und Perspektiven aller Beteiligten hineinversetzen, können Sie deren zugrunde liegende Anliegen und Beweggründe besser verstehen und eine gemeinsame Grundlage für eine Lösung finden. Empathie ermöglicht es Ihnen, Konflikte zu deeskalieren, Spannungen abzubauen und eine offene Kommunikation zu fördern, die zu für beide Seiten vorteilhaften Lösungen führen und die Ergebnisse positiv beeinflussen kann.

Authentizität und Vertrauen: Authentizität ist ein entscheidendes Element der Empathie, bei der es darum geht, im Umgang mit anderen aufrichtig, ehrlich und transparent zu sein. Wenn Sie authentisch sind, ist es wahrscheinlicher, dass andere Ihnen vertrauen und offen für Ihren Einfluss sind. Authentizität schafft ein Gefühl von Glaubwürdigkeit und Zuverlässigkeit, was Ihre Fähigkeit, Ergebnisse positiv zu beeinflussen, erheblich verbessern kann. Vermeiden Sie es, manipulativ oder unaufrichtig zu sein, da dies schnell das Vertrauen untergraben und Ihre Fähigkeit, andere zu beeinflussen, untergraben kann.

Einfühlsame Problemlösung: Empathie kann in Problemlösungssituationen genutzt werden, um wirksame Lösungen zu schaffen, die auf die Bedürfnisse und Anliegen aller Beteiligten eingehen. Indem Sie sich in die Lage anderer versetzenWenn Sie ihre Perspektive wirklich verstehen, können Sie die Grundursachen des Problems identifizieren und auf für beide Seiten vorteilhafte Lösungen hinarbeiten. Bei der empathischen Problemlösung geht es darum, allen Beteiligten aktiv zuzuhören, ihre Emotionen und Bedenken anzuerkennen und gemeinsam mögliche Lösungen zu erarbeiten. Indem Sie Empathie in den Problemlösungsprozess einbeziehen, können Sie Vertrauen aufbauen, die Zusammenarbeit fördern und Ergebnisse erzielen, die für alle Beteiligten fair und zufriedenstellend sind.

Überzeugende Kommunikation: Empathie kann Ihre überzeugenden Kommunikationsfähigkeiten erheblich verbessern. Indem Sie die Emotionen, Motivationen und Perspektiven anderer verstehen, können Sie Ihre Botschaften und Argumente so zuschneiden, dass sie bei ihnen Anklang finden. Wenn Sie ihre Emotionen und Bedenken anerkennen und bestätigen, ist die Wahrscheinlichkeit größer, dass sie für Ihre Ideen und Vorschläge empfänglich sind. Empathie ermöglicht es Ihnen, Ihre Botschaften so zu formulieren, dass sie auf ihre Bedürfnisse und Wünsche eingehen und ihren Entscheidungsprozess effektiv beeinflussen.

Aufbau langfristiger Beziehungen: Bei Empathie geht es nicht nur um kurzfristigen Einfluss, sondern auch um den Aufbau langfristiger Beziehungen. Indem Sie in Ihren Interaktionen stets Empathie zeigen, können Sie Vertrauen fördern, sinnvolle Verbindungen schaffen und starke Beziehungen aufbauen, die auf gegenseitigem Verständnis und Respekt basieren. Langfristige Beziehungen sind für die Beeinflussung langfristiger Ergebnisse von unschätzbarem Wert, da sie eine Vertrauens- und Glaubwürdigkeitsbasis schaffen, die die

Bereitschaft anderer, sich von Ihnen beeinflussen zu lassen, erheblich beeinflussen kann.

Überwindung von Empathiebarrieren: Obwohl Empathie ein wirksames Werkzeug ist, kann es Hindernisse geben, die Ihre Fähigkeit, in bestimmten Situationen einfühlsam zu sein, behindern. Zu diesen Barrieren können persönliche Vorurteile, emotionale Auslöser oder Ablenkungen gehören. Es ist wichtig, sich dieser Barrieren bewusst zu sein und daran zu arbeiten, sie zu überwinden, um die Kraft der Empathie voll auszuschöpfen. Üben Sie Selbstwahrnehmung, Achtsamkeit und aktives Zuhören, um diese Barrieren zu überwinden und in Ihren Interaktionen mit anderen voll präsent zu sein.

Ethische Überlegungen: Es ist wichtig zu beachten, dass Empathie immer ethisch und mit echten Absichten praktiziert werden sollte. Es sollte nicht als manipulative Taktik eingesetzt werden, um andere zu täuschen oder auszubeuten. Es ist wichtig, die Emotionen, Perspektiven und Grenzen anderer zu respektieren und sie nicht durch Empathie zu manipulieren oder zu zwingen, sich Ihren Wünschen anzupassen. Ethische Empathie bedeutet, im Umgang miteinander authentisch, respektvoll und mitfühlend zu sein und das Wohlergehen aller Beteiligten zu berücksichtigen.

UNDmpathy ist ein leistungsstarkes Tool, das genutzt werden kann, um Verbindungen aufzubauen, andere zu verstehen und Ergebnisse positiv zu beeinflussen. Indem Sie Empathie in Ihrer Kommunikation und Interaktion üben, können Sie eine Beziehung aufbauen, Verständnis gewinnen, Konflikte bewältigen und Vertrauen fördern. Es ermöglicht Ihnen, Ihren Kommunikationsstil anzupassen, Probleme effektiv zu lösen und langfristige Beziehungen aufzubauen. Es ist jedoch wichtig, Empathie auf ethische und authentische Weise zu praktizieren und sich aller Hindernisse bewusst zu sein, die Ihre Fähigkeit, sich vollständig mit anderen zu verbinden, behindern könnten. Wenn Sie Empathie in Ihre Kommunikations- und Einflussfähigkeiten integrieren, können Sie Ihre Fähigkeit, Ergebnisse positiv zu beeinflussen und in verschiedenen Lebensbereichen Erfolg zu haben, erheblich verbessern.

Kapitel 5: Die Kunst des Einrahmens

Die Kraft des Framings bei der Überzeugungsarbeit verstehen

Framing ist ein wirkungsvolles Überzeugungsinstrument, das die strategische Präsentation von Informationen oder Botschaften in einer Weise beinhaltet, die beeinflusst, wie andere die Informationen wahrnehmen und interpretieren. Die Art und Weise, wie Informationen formuliert werden, kann die Einstellungen, Überzeugungen und Verhaltensweisen von Menschen stark beeinflussen, ihre Wahrnehmungen prägen und ihren Entscheidungsprozess beeinflussen. In diesem Kapitel werden wir das Konzept des Framings eingehend und detailliert untersuchen und verstehen, wie es effektiv als Überzeugungskunst eingesetzt werden kann.

Definition von Framing: Unter Framing versteht man die strategische Präsentation von

Informationen in einer Weise, die beeinflusst, wie sie von anderen interpretiert oder wahrgenommen wird. Es beinhaltet den Einsatz von Sprache, Kontext und anderen Kommunikationstechniken, um Informationen auf eine bestimmte Art und Weise zu formulieren, die mit den Zielen und Absichten des Überzeugers übereinstimmt. Framing kann beeinflussen, wie Menschen die Wichtigkeit, Relevanz und Implikationen von Informationen wahrnehmen, und ihre Einstellungen, Überzeugungen und Verhaltensweisen prägen.

Bedeutung des Framings für die Überzeugung: Framing ist ein entscheidender Bestandteil der Überzeugung, da es dem Überzeuger ermöglicht, die Wahrnehmung von Informationen zu beeinflussen und den Entscheidungsprozess anderer zu beeinflussen. Die Art und Weise, wie Informationen formuliert werden, kann sich auf die Emotionen, die kognitive Verarbeitung und die nachfolgenden Handlungen von Menschen auswirken. Unterschiedliche Frames können unterschiedliche Reaktionen hervorrufen, und erfahrene Überzeuger wissen, wie wichtig das Framing für das Erreichen ihrer Überzeugungsziele ist.

Arten von Rahmen: Es gibt verschiedene Arten von Rahmen, die zur Überzeugungsarbeit eingesetzt werden können, darunter:

- Positives Framing: Hierbei geht es darum, Informationen oder Botschaften in einem positiven Licht zu präsentieren und die Vorteile, Vorteile oder Gewinne hervorzuheben, die mit einer bestimmten Entscheidung oder Handlung verbunden sind. Positives Framing kann positive Emotionen hervorrufen, die Wünsche der Menschen ansprechen und sie dazu motivieren, die gewünschten Maßnahmen zu ergreifen.

- Negatives Framing: Hierbei geht es darum, Informationen oder Botschaften in einem negativen Licht darzustellen und die mit einer bestimmten Entscheidung oder Handlung verbundenen Risiken, Kosten oder Verluste hervorzuheben. Negatives Framing kann negative Emotionen hervorrufen, ein Gefühl der Dringlichkeit erzeugen und Menschen motivieren, potenzielle Risiken zu vermeiden oder zu mindern.

- Gewinnorientiert vs. verlustorientiert: Bei dieser Art des Framings geht es entweder um die Gewinne oder Verluste, die mit einer bestimmten Entscheidung oder Aktion verbunden sind. Nachrichten mit Gewinncharakter betonen die Vorteile oder positiven Ergebnisse, während Nachrichten mit Verlustcharakter die Kosten oder negativen Ergebnisse betonen. Die Wirksamkeit von Gewinn- oder Verlust-Botschaften hängt vom Kontext und der Denkweise des Publikums ab, und erfahrene Überzeuger nutzen diese Rahmen je nach Situation strategisch.

- Emotionales Framing: Hierbei geht es darum, die Emotionen der Menschen anzusprechen, indem Informationen so formuliert werden, dass ihre emotionalen Bedürfnisse, Wünsche oder Ängste berücksichtigt werden. Emotionales Framing kann die Entscheidungsfindung stark beeinflussen, da Emotionen eine wichtige Rolle bei der Gestaltung menschlichen Verhaltens spielen.

Einrahmungstechniken: Erfahrene Überzeuger nutzen verschiedene Framing-Techniken, um

Informationen strategisch und überzeugend zu formulieren. Zu den gängigen Einrahmungstechniken gehören:

- Wortwahl: Die Wörter, mit denen Informationen umrahmt werden, können die Wahrnehmung einer Information erheblich beeinflussen. Positive oder negative Wörter, starke oder schwache Wörter und emotional aufgeladene Wörter können alle beeinflussen, wie Menschen Informationen interpretieren und darauf reagieren.

- Kontext: Der Kontext, in dem Informationen präsentiert werden, kann sich auch auf deren Gestaltung auswirken. Dieselben Informationen können je nach Kontext, in dem sie präsentiert werden, unterschiedlich gerahmt werden. Beispielsweise kann die Präsentation einer Statistik im Kontext eines positiven Ergebnisses eine andere Wahrnehmung hervorrufen als die Präsentation derselben Statistik im Kontext eines negativen Ergebnisses.

- Vergleichendes Framing: Der Vergleich von Informationen mit anderen Alternativen oder Referenzpunkten kann ebenfalls eine effektive Framing-Technik sein. Wenn Sie beispielsweise ein Produkt mit einer teureren Alternative vergleichen, kann es den Eindruck eines guten Angebots erwecken, während der Vergleich mit einer günstigeren Alternative dazu führen kann, dass es weniger attraktiv erscheint.

- Geschichtenerzählen: Das Erzählen von Geschichten oder Anekdoten, die den gewünschten Rahmen veranschaulichen, kann eine wirksame Rahmentechnik sein. Geschichten wecken die Emotionen der Menschen und machen Informationen verständlicher und einprägsamerund kann den gewünschten Rahmen auf überzeugende und ansprechende Weise effektiv vermitteln.

Ethische Überlegungen bei der Gestaltung: Es ist wichtig zu beachten, dass Rahmung ein zweischneidiges Schwert sein kann, da sie auf unethische Weise dazu verwendet werden kann, andere zu manipulieren oder zu täuschen. Erfahrene Überzeuger verstehen die ethischen Überlegungen bei der Gestaltung und bemühen sich, diese auf ehrliche und transparente Weise anzuwenden. Es ist wichtig, irreführende oder betrügerische Formulierungen zu vermeiden, die

Informationen verzerren oder die Schwachstellen von Personen ausnutzen. Beim ethischen Framing geht es darum, Informationen fair und ausgewogen zu präsentieren, die Autonomie und Entscheidungsfindung anderer zu respektieren und die möglichen Konsequenzen des Framings für den Einzelnen und den breiteren Kontext zu berücksichtigen.

Anwendung von Framing in Einfluss: Framing kann in verschiedenen Umgebungen angewendet werden, in denen Überzeugungsarbeit erwünscht ist, beispielsweise in Marketing und Werbung, Verhandlungen, zwischenmenschlicher Kommunikation, Führung und Interessenvertretung. Erfahrene Überzeuger verstehen den Kontext und das Publikum und setzen Framing-Techniken strategisch ein, um sich an ihren Zielen auszurichten, die Wahrnehmung anderer zu beeinflussen und ihren Entscheidungsprozess zu gestalten.

Rahmungsfähigkeiten entwickeln: Wie andere Fähigkeiten erfordert auch die Beherrschung der Rahmungskunst Übung, Selbstbewusstsein und kontinuierliches Lernen. Zur Entwicklung effektiver Framing-Fähigkeiten gehört es, die Prinzipien des Framings zu verstehen, auf Sprache und Kontext zu achten, die Fähigkeiten zum Geschichtenerzählen zu verbessern und die ethischen Implikationen des Framings zu berücksichtigen. Dazu gehört auch, aufmerksam auf Rückmeldungen zu achten und die Rahmentechniken basierend auf den Reaktionen des Publikums anzupassen.

Framing ist ein wirkungsvolles Überzeugungsinstrument, das die strategische Präsentation von Informationen in einer Weise beinhaltet, die beeinflusst, wie sie von anderen wahrgenommen oder interpretiert werden. Um die Kunst des Einrahmens zu beherrschen, ist es wichtig, die Prinzipien des Einrahmens zu verstehen, verschiedene Arten von Rahmen zu verwenden, Einrahmungstechniken anzuwenden und ethische Überlegungen zu berücksichtigen. Erfahrene Überzeuger nutzen die Kraft des Framings, um sich an ihren Zielen auszurichten, die Wahrnehmung anderer zu beeinflussen und ihren Entscheidungsprozess auf strategische und ethische Weise zu gestalten.

Erstellen überzeugender Erzählungen und Geschichten

Erzählungen und Geschichten sind wirkungsvolle Instrumente zur Überzeugung, da sie das Publikum fesseln, Emotionen hervorrufen und Wahrnehmungen prägen können. In diesem Kapitel befassen wir uns mit der Kunst, fesselnde Erzählungen und Geschichten zu verfassen, die einen Schlüsselaspekt bei der Formulierung von Überzeugungsarbeit darstellen.

Die Kraft von Erzählungen und Geschichten verstehen: Erzählungen und Geschichten sind für die menschliche Kommunikation von grundlegender Bedeutung und wurden im Laufe der Geschichte verwendet, um Ideen, Werte und Überzeugungen zu vermitteln. Sie haben die Macht, die Emotionen und die Vorstellungskraft anderer zu wecken, wodurch sie einprägsamer und wirkungsvoller werden als Fakten oder Statistiken allein. Erfahrene Überzeuger erkennen die Macht von Erzählungen und Geschichten als Mittel, um andere zu beeinflussen, und nutzen sie strategisch für ihre Überzeugungsbemühungen.

Elemente überzeugender Erzählungen und Geschichten: Die Erstellung überzeugender Erzählungen und Geschichten erfordert mehrere Schlüsselelemente, darunter eine klar definierte Handlung, nachvollziehbare Charaktere, lebendige

Bilder, emotionale Anziehungskraft und eine klare Botschaft oder Moral. Eine fesselnde Erzählung oder Geschichte sollte eine klare Struktur haben, z. B. einen Anfang, eine Mitte und ein Ende, und für die Interessen und Bedürfnisse des Publikums relevant sein. Erfahrene Überzeuger gestalten ihre Erzählungen und Geschichten sorgfältig, um sie mit ihren Zielen und Absichten in Einklang zu bringen und mit den Werten und Überzeugungen ihres Publikums in Einklang zu bringen.

Erzählungen und Geschichten an den Rahmenzielen ausrichten: Erzählungen und Geschichten können verwendet werden, um je nach den gewünschten Überzeugungszielen verschiedene Arten von Rahmen zu erstellen, z. B. Gewinnrahmen, Verlustrahmen, emotionale Rahmen, moralische Rahmen und Identitätsrahmen. Erfahrene Überzeuger wählen sorgfältig die Art der Erzählungen oder Geschichten aus, die mit ihren Zielen übereinstimmen, und nutzen sie strategisch, um die Wahrnehmung und den Entscheidungsprozess anderer zu beeinflussen.

Techniken zur Erstellung fesselnder Erzählungen und Geschichten: Es gibt verschiedene Techniken, mit denen überzeugende Erzählungen und Geschichten zur

Überzeugungsarbeit erstellt werden können. Dazu gehören die Entwicklung einer klaren und überzeugenden Botschaft oder Moral, die Verwendung beschreibender und sensorischer Sprache zur Schaffung lebendiger Bilder, die Einbeziehung emotionaler Anziehungskraft durch nachvollziehbare Charaktere und persönliche Anekdoten, die Verwendung von Metaphern oder Analogien zur Vereinfachung komplexer Konzepte und die Verwendung von Erzählstrukturen wie der Reise des Helden oder Struktur in drei Akten, um eine zusammenhängende und fesselnde Erzählung zu schaffen.

Erzählungen und Geschichten an das Publikum anpassen: Erfahrene Überzeuger wissen, wie wichtig es ist, Erzählungen und Geschichten an die spezifische Zielgruppe anzupassen, die sie beeinflussen möchten. Dabei müssen die Interessen, Überzeugungen, Werte, Emotionen und der kulturelle Hintergrund des Publikums berücksichtigt und die Erzählung oder Geschichte entsprechend angepasst werden. Die Anpassung von Erzählungen und Geschichten an das Publikum erhöht ihre Relevanz und Resonanz und macht sie überzeugender und wirkungsvoller.

Ethische Überlegungen beim Erzählen und Geschichtenerzählen: Es ist wichtig zu beachten, dass Erzählungen und Geschichten auf unethische Weise dazu verwendet werden können, andere zu manipulieren oder zu täuschen. Erfahrene Überzeuger sind sich der ethischen Überlegungen beim Erzählen und Geschichtenerzählen bewusst und bemühen sich, diese auf ehrliche und transparente Weise anzuwenden. Beim ethischen Geschichtenerzählen geht es darum, Informationen wahrheitsgemäß darzustellen, die Autonomie und Entscheidungsfindung anderer zu respektieren und die möglichen Konsequenzen der Erzählungen oder Geschichten für den Einzelnen und den breiteren Kontext zu berücksichtigen.

Entwicklung von Erzähl- und Geschichtenerzählfähigkeiten: Das Erstellen überzeugender Erzählungen und Geschichten ist eine Fähigkeit, die im Laufe der Zeit entwickelt und verfeinert werden kann. Es erfordert Übung, Kreativität und ein tiefes Verständnis für das Publikum und die Überzeugungsziele. Erfahrene Überzeuger verfeinern kontinuierlich ihre Erzähl- und Erzählfähigkeiten, holen Feedback ein und passen ihre Vorgehensweisen an die Reaktionen ihres Publikums an.

CDas Erzählen fesselnder Erzählungen und Geschichten ist ein wirkungsvoller Aspekt der Überzeugungsarbeit. Erfahrene Überzeuger verstehen die Kraft von Erzählungen und Geschichten, nutzen Schlüsselelemente, um ansprechende und wirkungsvolle Erzählungen zu erstellen, richten sie an ihren Rahmenzielen aus, passen sie an das Publikum an und berücksichtigen ethische Implikationen. Die Entwicklung effektiver Erzähl- und Geschichtenerzählfähigkeiten kann die Überzeugungsbemühungen verbessern und die Wahrscheinlichkeit erhöhen, andere in einem zu beeinflussensinnvoll. Durch das Verständnis und die Nutzung der Kunst, fesselnde Erzählungen und Geschichten zu formulieren, können Überzeuger Wahrnehmungen prägen, Emotionen hervorrufen und eine tiefere Verbindung zu ihrem Publikum aufbauen und so letztlich deren Entscheidungsprozess beeinflussen.

Zu den wichtigsten Tipps zum Verfassen fesselnder Erzählungen und Geschichten zur Überzeugungsarbeit gehören:

Kenne deine Zuhörer: Das Verständnis der Interessen, Werte, Überzeugungen und Emotionen Ihres Publikums ist entscheidend für die Erstellung von Erzählungen und Geschichten, die bei ihm Anklang finden. Berücksichtigen Sie ihre Perspektive und passen Sie Ihre Erzählungen und Geschichten entsprechend an, um ihre Relevanz und Wirkung zu erhöhen.

Entwickeln Sie eine klare Botschaft oder Moral: Ihre Erzählung oder Geschichte sollte eine klare und überzeugende Botschaft oder Moral haben, die mit Ihren Rahmenzielen übereinstimmt. Denken Sie über die wichtigsten Erkenntnisse nach, die Sie Ihrem Publikum vermitteln möchten, und gestalten Sie Ihre Erzählung oder Geschichte so, dass diese Botschaft effektiv vermittelt wird.

Verwenden Sie eine beschreibende und sensorische Sprache: Durch die Schaffung lebendiger Bilder durch beschreibende und sensorische Sprache können Ihre Erzählungen und Geschichten ansprechender und einprägsamer werden. Malen Sie mit Ihren Worten ein Bild, um Emotionen zu wecken und Ihr Publikum in die Geschichte einzutauchen.

Integrieren Sie emotionale Anziehungskraft: Emotionale Anziehungskraft ist ein wirkungsvolles Überzeugungsinstrument. Verwenden Sie sympathische Charaktere, persönliche Anekdoten und emotionale Hinweise, um bei Ihrem Publikum Emotionen hervorzurufen, da Emotionen die Entscheidungsfindung beeinflussen können.

Nutzen Sie Metaphern oder Analogien: Metaphern oder Analogien können komplexe Konzepte vereinfachen und Ihre Erzählungen oder Geschichten für Ihr Publikum nachvollziehbarer und verständlicher machen. Setzen Sie sie strategisch ein, um Ihre überzeugende Botschaft zu verstärken.

Befolgen Sie die Erzählstrukturen: Nutzen Sie Erzählstrukturen wie die Heldenreise oder die Struktur mit drei Akten, um eine zusammenhängende und fesselnde Erzählung zu schaffen. Diese Strukturen bieten einen Rahmen, der Ihnen helfen kann, Ihre Erzählung zu organisieren und überzeugender zu machen.

Seien Sie authentisch und transparent: Ethisches Geschichtenerzählen bedeutet, authentisch und transparent in Ihren Erzählungen und Geschichten zu sein. Vermeiden Sie es, Ihr Publikum zu manipulieren oder zu täuschen, und bemühen Sie sich, Informationen wahrheitsgemäß und respektvoll zu präsentieren.

Üben Sie und holen Sie Feedback ein: Das Erstellen überzeugender Erzählungen und Geschichten ist eine Fähigkeit, die Übung erfordert. Experimentieren Sie mit verschiedenen Ansätzen, holen Sie Feedback von vertrauenswürdigen Quellen ein und verfeinern Sie kontinuierlich Ihre Fähigkeiten zum Geschichtenerzählen, um Ihre Überzeugungsarbeit zu verbessern.

Indem Sie die Kunst beherrschen, fesselnde Erzählungen und Geschichten zu verfassen, können Sie die Kraft der überzeugenden Formulierung nutzen, um mit Ihrem Publikum in Kontakt zu treten, seine Wahrnehmung zu formen und letztendlich seine Entscheidungen zu beeinflussen. Eine gut ausgearbeitete Erzählung oder Geschichte hat das Potenzial, die Aufmerksamkeit Ihres Publikums zu fesseln, Emotionen hervorzurufen und Ihre überzeugende Botschaft einprägsamer und wirkungsvoller zu machen.

Nutzung von Sprache und Rahmung zur Formung von Wahrnehmungen

Sprache und Framing sind wirkungsvolle Instrumente der Überzeugungsarbeit, die einen erheblichen Einfluss darauf haben können, wie Informationen von anderen wahrgenommen und interpretiert werden. Die verwendeten Wörter und Ausdrücke sowie die Art und Weise, wie Informationen formuliert werden, können Wahrnehmungen prägen, Einstellungen beeinflussen und die Entscheidungsfindung leiten. In diesem Kapitel werden wir eingehend und detailliert untersuchen, wie Sprache und Rahmung effektiv eingesetzt werden können, um Wahrnehmungen in der Kunst der Überzeugung zu formen.

Auswahl an Wörtern und Phrasen: Die Wahl der in der Kommunikation verwendeten Wörter und Phrasen kann großen Einfluss darauf haben, wie Informationen wahrgenommen werden. Unterschiedliche Wörter können unterschiedliche Emotionen und Assoziationen hervorrufen, was zu unterschiedlichen Interpretationen derselben Information führt. Beispielsweise kann die Verwendung positiver und erhebender Wörter eine positive Wahrnehmung hervorrufen, während die Verwendung negativer oder aufgeladener Wörter negative Emotionen und eine voreingenommene Wahrnehmung auslösen kann. Die sorgfältige

Auswahl von Wörtern und Phrasen, die mit der gewünschten Wahrnehmung übereinstimmen, kann die Überzeugungskraft der Botschaft erheblich beeinflussen.

Emotionale Sprache: Emotionen spielen eine wichtige Rolle bei der Gestaltung von Wahrnehmungen und Entscheidungen. Die Verwendung emotionaler Sprache kann beim Publikum spezifische emotionale Reaktionen hervorrufen, die seine Wahrnehmungen und Einstellungen beeinflussen können. Beispielsweise kann die Verwendung von Wörtern, die Angst, Aufregung, Freude oder Empathie hervorrufen, eine emotionale Resonanz und Verbindung erzeugen und beeinflussen, wie die Informationen interpretiert und darauf reagiert werden. Das Verstehen der emotionalen Auslöser des Publikums und die Verwendung einer Sprache, die seine Emotionen anspricht, kann ein wirksames Instrument zur Gestaltung von Wahrnehmungen sein.

Positives vs. negatives Framing: Beim Framing kann es darum gehen, Informationen in einem positiven oder negativen Licht darzustellen, was die Wahrnehmung auf unterschiedliche Weise beeinflussen kann. Positives Framing konzentriert sich auf die Vorteile, Chancen und Gewinne, während negatives Framing die Risiken, Kosten und Verluste hervorhebt. Die Formulierung von Informationen kann beeinflussen, wie das Publikum die Botschaft wahrnimmt und wie empfänglich es dafür ist. Beispielsweise kann die Hervorhebung der positiven Ergebnisse einer vorgeschlagenen Idee oder Maßnahme eine positive Wahrnehmung hervorrufen, während die Betonung der negativen Konsequenzen, wenn keine Maßnahmen ergriffen werden, ein Gefühl von Dringlichkeit und Motivation hervorrufen kann.

Vergleichsrahmung: Beim Framing kann es auch darum gehen, Vergleiche anzustellen, um Wahrnehmungen zu formen. Vergleiche können mit vergangenen Ereignissen, anderen Personen oder Gruppen oder verschiedenen Optionen durchgeführt werden. Vergleichendes Framing kann beeinflussen, wie das Publikum die Informationen wahrnimmt, indem es einen Bezugspunkt oder Kontext bereitstellt. Beispielsweise kann der Vergleich der aktuellen Situation mit einem früheren erfolgreichen Ergebnis eine positive Wahrnehmung der vorgeschlagenen Idee hervorrufen. Ebenso kann der Vergleich der Vorteile einer Option mit einer anderen die Entscheidungsfindung beeinflussen, indem die Vorteile der bevorzugten Option hervorgehoben werden.

Kontextuelles Framing: Der Kontext, in dem Informationen präsentiert werden, kann großen Einfluss darauf haben, wie sie wahrgenommen werden. Die Einbettung von Informationen in einen bestimmten Kontext kann Wahrnehmungen und Einstellungen prägen. Beispielsweise kann die Präsentation von Informationen im Kontext eines größeren Ziels oder einer größeren Vision zu einer positiven Wahrnehmung der Informationen führen, während eine isolierte Darstellung zu einer negativen Wahrnehmung führen kann. Das Verstehen des Kontexts, in dem die Informationen präsentiert werden, und die entsprechende Formulierung kann Einfluss darauf haben, wie sie vom Publikum interpretiert und darauf reagiert werden.

Werte und Überzeugungen: Informationen so zu formulieren, dass sie mit den Werten und Überzeugungen des Publikums übereinstimmen, kann äußerst überzeugend sein. Menschen neigen dazu, positiver auf Informationen zu reagieren, die ihren Grundwerten und Überzeugungen entsprechen. Wenn Informationen so gestaltet werden, dass sie die Werte und Überzeugungen des

Publikums ansprechen, kann ein Gefühl der Übereinstimmung und Verbundenheit entstehen und dessen Wahrnehmung und Einstellung beeinflusst werden. Beispielsweise kann es bei einem Publikum, das Wert auf umweltfreundliche Praktiken legt, sehr effektiv sein, ein Argument im Kontext der ökologischen Nachhaltigkeit zu formulieren.

Rahmen für die Zielgruppensegmentierung: Das Verständnis der einzigartigen Eigenschaften, Vorlieben und Perspektiven des Publikums kann bei der Formulierung überzeugender Botschaften hilfreich sein. Der Rahmen kann auf bestimmte Zielgruppensegmente zugeschnitten werden, indem deren individuelle Bedürfnisse, Motivationen und Interessen berücksichtigt werden. Beispielsweise kann die unterschiedliche Formulierung von Informationen für unterschiedliche Altersgruppen, kulturelle Hintergründe oder berufliche Rollen dabei helfen, bei ihnen Anklang zu findeneinzigartige Perspektiven und prägen ihre Wahrnehmungen. Die Berücksichtigung der Merkmale des Publikums und die entsprechende Anpassung der Formulierung können die Wirksamkeit der überzeugenden Botschaft steigern.

Konsistenz und Wiederholung: Auch Konsistenz und Wiederholung in der Sprache und der Formulierung können die Wahrnehmung beeinflussen. Durch den konsequenten Einsatz von Sprache und Formulierungen während der gesamten überzeugenden Kommunikation kann ein Gefühl der Kohärenz geschaffen und die gewünschte Wahrnehmung verstärkt werden. Auch die Wiederholung zentraler Botschaften, Phrasen oder Formulierungen kann deren Einprägsamkeit und Wirkung steigern. Es ist jedoch wichtig, Wiederholungen mit Bedacht einzusetzen, um zu vermeiden, dass sie eintönig oder eintönig klingen.

Ethische Überlegungen: Bei der Verwendung von Sprache und Formulierungen zur Gestaltung von Wahrnehmungen ist es wichtig, ethische Implikationen zu berücksichtigen. Manipulative oder irreführende Formulierungen können Vertrauen und Glaubwürdigkeit untergraben und auf lange Sicht zu negativen Ergebnissen führen. Es ist wichtig sicherzustellen, dass die Sprache und die Formulierungen, die zur Überzeugungsarbeit verwendet werden, ehrlich, transparent und mit den Fakten übereinstimmen. Ethische Überlegungen sollten im Vordergrund stehen, wenn überzeugende Botschaften verfasst werden, um Vertrauen aufzubauen und Integrität zu wahren.

Sprache und Rahmung sind wirkungsvolle Werkzeuge zur Gestaltung von Wahrnehmungen und zur Beeinflussung von Ergebnissen in der Kunst der Überzeugung. Die Wahl von Wörtern und Phrasen, emotionale Sprache, positive vs. negative Rahmung, vergleichende Rahmung, kontextuelle Rahmung, Ausrichtung von Werten und Überzeugungen, Zielgruppensegmentierung, Konsistenz und Wiederholung sowie ethische Überlegungen spielen alle eine wichtige Rolle bei der Wahrnehmung und Interpretation von Informationen Andere. Ein sorgfältiger und strategischer Einsatz von Sprache und Formulierungen kann die Wirksamkeit überzeugender Kommunikation erheblich steigern und die gewünschten Ergebnisse ermöglichen. Sich der Nuancen der Sprache bewusst zu sein und sie auf die Merkmale und Vorlieben des Publikums abzustimmen, kann die Kunst der Überzeugung erheblich verbessern.

Überwindung von Widerständen durch strategisches Framing

In der Überzeugungskunst kann der Widerstand des Publikums oft eine Herausforderung darstellen. Die Überwindung dieses Widerstands erfordert den geschickten Einsatz von Framing-Techniken, um Wahrnehmungen zu formen und Einwände zu überwinden. Strategisches Framing ist ein wirksames Instrument, mit dem Widerstände angegangen und überwunden werden können. Dabei werden Sprache und Framing bewusst und kalkuliert eingesetzt, um die Art und Weise zu beeinflussen, wie andere Informationen wahrnehmen und interpretieren. In diesem Kapitel werden wir untersuchen, wie strategisches Framing genutzt werden kann, um Widerstände im Überzeugungsprozess effektiv zu überwinden.

Widerstand in der Überzeugung verstehen

Überzeugungswiderstand bezieht sich auf die Barrieren oder Einwände, die Einzelpersonen möglicherweise gegen die Annahme einer bestimmten Idee, Botschaft oder eines bestimmten Vorschlags haben. Diese Barrieren können durch verschiedene Faktoren wie bereits bestehende Überzeugungen, Werte, Vorurteile, Emotionen oder vergangene Erfahrungen entstehen. Widerstand kann sich in Form von Skepsis, Zweifel, Uneinigkeit oder völliger Ablehnung der überzeugenden

Botschaft äußern. Die Überwindung von Widerständen ist ein entscheidender Schritt im Überzeugungsprozess, da sie es ermöglicht, die Informationen empfänglicher aufzunehmen und zu verarbeiten, was die Wahrscheinlichkeit erhöht, die Einstellungen, Meinungen und Verhaltensweisen des Publikums zu beeinflussen.

Strategische Gestaltung zur Überwindung von Widerständen

Beim strategischen Framing geht es darum, die Präsentation von Informationen bewusst und gezielt so zu gestalten, dass Widerstände angesprochen und überwunden werden. Hier sind einige ausführliche und detaillierte Techniken zur Nutzung strategischer Rahmenbedingungen zur Überwindung von Überzeugungswiderständen:

Auffrischung: Beim Reframing geht es darum, Informationen in einem neuen Licht oder einer neuen Perspektive zu präsentieren, die die Art und Weise verändert, wie sie wahrgenommen werden. Dies kann durch eine Änderung des Kontexts, der Betonung oder der Sprache erreicht werden, die zur Darstellung der Informationen verwendet wird. Wenn Sie beispielsweise einen potenziellen Einwand als Chance umdeuten oder die Vorteile und Vorzüge der Akzeptanz der überzeugenden Botschaft hervorheben, kann dies dazu beitragen, die Perspektive des Publikums zu ändern und den Widerstand zu verringern.

Positive Rahmung: Beim positiven Framing geht es darum, die überzeugende Botschaft positiv und optimistisch zu präsentieren. Dies kann erreicht werden, indem die positiven Ergebnisse, Vorteile und Belohnungen betont werden, die mit der Annahme der Botschaft verbunden sind, anstatt sich auf die negativen oder Nachteile zu konzentrieren. Positives Framing kann positive Emotionen hervorrufen, die Motivation steigern und Widerstände verringern, indem es eine positive Wahrnehmung der Botschaft schafft.

Personalisierte Rahmung: Beim personalisierten Framing geht es darum, die überzeugende Botschaft an die spezifischen Bedürfnisse, Interessen und Werte der Einzelperson oder des Publikums anzupassen. Dies kann durch die Verwendung von Sprache, Beispielen oder Anekdoten erreicht werden, die für die einzigartigen Eigenschaften des Publikums relevant und relevant sind. Eine personalisierte Gestaltung kann das Gefühl der Relevanz und der persönlichen Verbindung des Publikums mit der

Botschaft stärken und so den Widerstand verringern.

Impfrahmen: Beim Impfrahmen geht es darum, potenzielle Gegenargumente oder Einwände gegen die überzeugende Botschaft präventiv anzusprechen. Dies kann erreicht werden, indem potenzielle Bedenken, Zweifel oder Einwände in der überzeugenden Kommunikation anerkannt und angesprochen werden. Durch die Bereitstellung von Gegenargumenten oder Beweisen, um potenzielle Einwände auszuräumen, kann das Impfrahmen den Widerstand des Publikums gegen gegensätzliche Standpunkte stärken und die Wahrscheinlichkeit verringern, dass es von Gegenargumenten beeinflusst wird.

Soziale Normgestaltung: Beim Framing sozialer Normen geht es darum, das normative Verhalten oder die Meinung anderer hervorzuheben, um die Wahrnehmung und das Verhalten des Publikums zu beeinflussen. Dies kann erreicht werden, indem Beweise dafür vorgelegt werden, wie andere die überzeugende Botschaft akzeptieren und befürworten, wodurch der Eindruck eines gesellschaftlichen Konsenses entsteht. Durch die Formulierung sozialer Normen kann die Kraft des sozialen Einflusses genutzt werden, um den

Widerstand zu verringern, indem die überzeugende Botschaft akzeptabler erscheint und mit gesellschaftlichen Normen in Einklang steht.

Emotionales Framing: Beim emotionalen Framing geht es darum, die Emotionen des Publikums anzusprechen, um dessen Wahrnehmung und Einstellungen zu beeinflussen. Dies kann durch die Verwendung emotionaler Sprache, lebendiger Bilder oder fesselnder Geschichten erreicht werden, die Emotionen wie Empathie, Mitgefühl, Freude oder Angst hervorrufen. Emotionales Framing kann eine emotionale Verbindung mit der überzeugenden Botschaft herstellen, was den Widerstand verringern und die Wahrscheinlichkeit erhöhen kann, dass die Botschaft angenommen wird.

Beweislicher Rahmen: Zur beweiskräftigen Gestaltung gehört das Präsentierenkonkrete Beweise, Daten oder Fakten zur Untermauerung der überzeugenden Botschaft. Dies kann durch die Bereitstellung glaubwürdiger und verlässlicher Beweise erreicht werden, die die in der überzeugenden Kommunikation vorgebrachten Behauptungen oder Argumente untermauern. Evidential Framing kann die wahrgenommene Glaubwürdigkeit und Vertrauenswürdigkeit der überzeugenden Botschaft erhöhen, den Widerstand verringern und die Wahrscheinlichkeit der Akzeptanz erhöhen.

Vergleichsrahmung: Beim vergleichenden Framing geht es darum, Vergleiche anzustellen, um die Wahrnehmungen und Einstellungen des Publikums zu beeinflussen. Dies kann erreicht werden, indem die überzeugende Botschaft mit anderen Alternativen verglichen oder mit weniger günstigen Optionen verglichen wird. Vergleichendes Framing kann die Überlegenheit oder Vorteile der überzeugenden Botschaft hervorheben, sie attraktiver machen und den Widerstand gegenüber alternativen Optionen verringern.

Zukunftsorientierte Rahmung: Beim zukunftsorientierten Framing geht es darum, die langfristigen Vorteile oder Konsequenzen der Annahme der überzeugenden Botschaft hervorzuheben. Dies kann erreicht werden, indem die potenziellen positiven Ergebnisse oder negativen Konsequenzen hervorgehoben werden, die sich aus der Entscheidung, die Nachricht anzunehmen oder abzulehnen, ergeben können. Eine zukunftsorientierte Formulierung kann ein Gefühl der Dringlichkeit und Wichtigkeit erzeugen und den Widerstand verringern, indem die langfristige Wirkung der überzeugenden Botschaft betont wird.

Authentizitätsrahmen: Beim Authentizitätsrahmen geht es darum, die überzeugende Botschaft auf echte, aufrichtige und vertrauenswürdige Weise zu präsentieren. Dies kann durch Transparenz, Ehrlichkeit und Authentizität in der Kommunikation erreicht werden. Authentizitätsrahmen können Vertrauen und Glaubwürdigkeit aufbauen und eine Beziehung zum Publikum aufbauen, wodurch Widerstand verringert und die Wahrscheinlichkeit der Akzeptanz erhöht wird.

Die Einbeziehung dieser strategischen Framing-Techniken in die Überzeugungsarbeit kann dazu beitragen, Widerstände zu überwinden, indem sie die Art und Weise beeinflusst, wie das Publikum die Informationen wahrnimmt und interpretiert. Durch die sorgfältige Ausarbeitung der Sprache, des Kontexts und der Präsentation der überzeugenden Botschaft kann man potenzielle Einwände wirksam ansprechen, positive Emotionen hervorrufen, Relevanz und persönliche Verbindung stärken, soziale Normen hervorheben, glaubwürdige Beweise liefern, überzeugende Vergleiche anstellen, zukünftige Konsequenzen hervorheben und aufbauen Vertrauen und Authentizität. Diese Techniken können in verschiedenen Überzeugungssituationen wie Verhandlungen, Vertrieb, Marketing, Führung und Interessenvertretung eingesetzt werden, um Widerstände zu überwinden und die Chancen auf eine Beeinflussung der Ergebnisse zu erhöhen.

Strategisches Framing ist ein wirkungsvolles Instrument der Überzeugungskunst, mit dem Widerstände überwunden und Wahrnehmungen geformt werden können. Durch die bewusste und zielgerichtete Gestaltung der Sprache, des Kontexts und der Präsentation der überzeugenden Botschaft kann man potenzielle Einwände ansprechen, Emotionen hervorrufen, die Relevanz erhöhen, soziale Normen hervorheben, Beweise liefern, Vergleiche anstellen, zukünftige Konsequenzen hervorheben und Vertrauen und Authentizität aufbauen. Bei effektivem Einsatz kann strategisches Framing die Überzeugungswirkung erheblich steigern und die Wahrscheinlichkeit einer Beeinflussung der Ergebnisse erhöhen. Wenn man die Kunst des Framings beherrscht, kann man effektiver überzeugen und größere Erfolge bei der Beeinflussung anderer erzielen.

Kapitel 6: Die Kunst des Einflusses ohne Autorität

In vielen Situationen hängt die Fähigkeit, andere zu beeinflussen, nicht nur von formaler Autorität oder Positionsmacht ab. Tatsächlich sind einige der erfolgreichsten Influencer diejenigen, die ohne formelle Autorität Einfluss ausüben können. Dieses Kapitel befasst sich mit den Strategien und Techniken zur Beherrschung der Kunst des Einflusses ohne Autorität und bietet tiefgreifende und detaillierte Einblicke, wie man andere in verschiedenen Kontexten effektiv beeinflussen kann, selbst wenn es an formaler Autorität mangelt.

Einfluss ohne Autorität verstehen

Einfluss ohne Autorität bezieht sich auf die Fähigkeit, die Gedanken, Meinungen und Verhaltensweisen anderer zu überzeugen, zu leiten oder zu formen, ohne sich auf formale Macht oder eine hierarchische Position zu verlassen. Dabei geht es darum, persönliche Fähigkeiten, Qualitäten und Strategien zu nutzen, um die freiwillige Zustimmung oder Unterstützung anderer zu gewinnen, auch wenn es ihnen an direkter Autorität mangelt. Einfluss ohne Autorität kann in vielen

Situationen eine entscheidende Fähigkeit sein, beispielsweise in einem Team oder einer Organisationsumgebung, in der Einzelpersonen möglicherweise keine formellen Führungspositionen innehaben, aber zusammenarbeiten, kommunizieren und andere beeinflussen müssen, um gemeinsame Ziele zu erreichen.

Herausforderungen der Einflussnahme ohne Autorität

Einflussnahme ohne Autorität kann im Vergleich zur Einflussnahme mit formeller Autorität besondere Herausforderungen mit sich bringen. Zu den häufigsten Herausforderungen gehören:

Mangel an formaler Macht: Das Fehlen einer formellen Autorität kann die direkten Kontroll- oder Durchsetzungsmechanismen, die man möglicherweise über andere hat, einschränken und es schwieriger machen, sie zu überzeugen oder zu beeinflussen.

Widerstand und Skepsis: Ohne formelle Autorität sind Einzelpersonen möglicherweise resistenter oder skeptischer gegenüber Versuchen, sie zu beeinflussen, da sie möglicherweise die

Legitimität oder Glaubwürdigkeit der Position des Influencers in Frage stellen.

Begrenzte Ressourcen: Influencer ohne formelle Autorität haben möglicherweise nur begrenzten Zugang zu Ressourcen oder Belohnungen, um andere zu motivieren, was es schwierig macht, sie zu motivieren oder zu überzeugen.

Soziale Dynamik: Soziale Dynamiken und Hierarchien innerhalb einer Gruppe oder Organisation können die wahrgenommene Legitimität oder Wirksamkeit von Beeinflussungsbemühungen ohne formelle Autorität beeinflussen, da Einzelpersonen möglicherweise eher dazu neigen, denen mit höheren formellen Positionen zu folgen.

Strategien für Einfluss ohne Autorität

Trotz der Herausforderungen gibt es verschiedene Strategien und Techniken, die eingesetzt werden können, um andere ohne formelle Autorität effektiv zu beeinflussen. Diese Strategien erfordern eine Kombination aus zwischenmenschlichen Fähigkeiten, Kommunikationstechniken und strategischen Ansätzen, um die freiwillige

Zustimmung oder Unterstützung anderer zu gewinnen. Hier sind einige ausführliche und detaillierte Strategien, um die Kunst der Einflussnahme ohne Autorität zu meistern:

Bauen Sie Vertrauen und Beziehung auf: Der Aufbau von Vertrauen und Beziehungen zu anderen ist von entscheidender Bedeutung, um deren freiwillige Zustimmung oder Unterstützung zu gewinnen. Vertrauen basiert auf Glaubwürdigkeit, Verlässlichkeit und Integrität und kann durch die konsequente Demonstration dieser Eigenschaften im Umgang mit anderen aufgebaut werden. Zum Aufbau einer Beziehung gehört es, eine Verbindung herzustellen, die Perspektiven anderer zu verstehen und Empathie zu zeigen. Vertrauen und Beziehungen können dazu beitragen, eine Grundlage für die Beeinflussung anderer zu schaffen, auch ohne formelle Autorität.

Fachwissen und Wissen entwickeln: Die Entwicklung von Fachwissen und Wissen in einem bestimmten Bereich oder einer bestimmten Domäne kann Glaubwürdigkeit und Einfluss erhöhen. Ein Experte auf einem relevanten Gebiet zu werden oder sich Fachwissen anzueignen, kann einem Einzelnen einen Vorteil bei der Beeinflussung anderer verschaffen, auch ohne formelle Autorität. Es geht darum, kontinuierlich zu lernen, über relevante Informationen auf dem Laufenden zu bleiben und wertvolle Erkenntnisse und Lösungen liefern zu können.

Nutzen Sie effektive Kommunikation: Effektive Kommunikation ist entscheidend, um andere ohne formelle Autorität zu beeinflussen. Dabei geht es darum, anderen aktiv zuzuhören, sich klar und prägnant auszudrücken und den Kommunikationsstil an die Vorlieben anderer anzupassen. Überzeugende Sprache, Geschichtenerzählen und überzeugende Argumente können ebenfalls wirksam sein, um andere zu beeinflussen. Auch die nonverbale Kommunikation wie Körpersprache und Tonfall spielt eine wichtige Rolle bei der Beeinflussung anderer.

Bilden Sie Koalitionen und Allianzen: Der Aufbau von Koalitionen und Allianzen mit anderen, die ähnliche Interessen oder Ziele teilen, kann eine wirksame Strategie zur Einflussnahme ohne formelle Autorität sein. Dabei geht es darum, wichtige Stakeholder zu identifizieren, Beziehungen zu ihnen aufzubauen und ihre Unterstützung zu nutzen, um Einfluss auf andere zu nehmen. Die Zusammenarbeit mit anderen, die Suche nach Gemeinsamkeiten und die Abstimmung von

Interessen können dazu beitragen, Unterstützung zu gewinnen und andere zu beeinflussen, auch ohneformale Autorität.

Seien Sie ein Problemlöser: Der Nachweis eines proaktiven Ansatzes zur Problemlösung und einer lösungsorientierten Vorgehensweise kann dazu beitragen, Einfluss ohne formelle Autorität zu erlangen. Durch das Erkennen von Herausforderungen oder Problemen und das Erarbeiten praktischer und effektiver Lösungen kann eine Person das Vertrauen und den Respekt anderer gewinnen, auch wenn ihnen formelle Autorität fehlt. Dieser Ansatz zeigt Initiative, Einfallsreichtum und die Verpflichtung, positive Ergebnisse zu erzielen.

Nutzen Sie Social Proof: Social Proof ist ein psychologisches Prinzip, das darauf hindeutet, dass Menschen den Handlungen oder Empfehlungen anderer eher folgen, wenn sie diese als beliebt, glaubwürdig oder ihnen selbst ähnlich empfinden. Die Nutzung sozialer Beweise kann eine wirksame Strategie sein, um andere ohne formelle Autorität zu beeinflussen. Dies kann durch die Präsentation von Erfolgsgeschichten, Erfahrungsberichten oder Empfehlungen aus glaubwürdigen Quellen zur

Untermauerung der eigenen Argumente oder Vorschläge erreicht werden.

Einfluss durch Beziehungen: Der Aufbau positiver Beziehungen zu Schlüsselpersonen kann eine wertvolle Strategie zur Einflussnahme ohne formelle Autorität sein. Durch die Entwicklung starker zwischenmenschlicher Fähigkeiten, echtes Interesse an anderen und die Pflege von für beide Seiten vorteilhaften Beziehungen kann ein Netzwerk von Unterstützern entstehen, die bereit sind, zuzuhören und dem eigenen Beispiel zu folgen, auch ohne formelle Autorität.

Nutzen Sie überzeugende Techniken: Es gibt verschiedene Überzeugungstechniken, die eingesetzt werden können, um andere ohne formelle Autorität zu beeinflussen. Einige dieser Techniken umfassen die Verwendung von Gegenseitigkeit (etwas geben, um etwas dafür zu erhalten), Knappheit (ein Gefühl der begrenzten Verfügbarkeit erzeugen), Autorität (Zitat glaubwürdiger Quellen oder Experten), Konsistenz (Hervorhebung früherer Verpflichtungen oder Vereinbarungen) und Sympathie (Aufbau von Sympathie und Beziehung zu anderen). Das Verstehen und Anwenden dieser

Überzeugungstechniken kann die Fähigkeit verbessern, andere effektiv zu beeinflussen.

Demonstrieren Sie Flexibilität und Anpassungsfähigkeit: Flexibilität und Anpassungsfähigkeit sind entscheidend, um andere ohne formelle Autorität zu beeinflussen. Die Bereitschaft, anderen zuzuhören, ihre Perspektiven zu berücksichtigen und den eigenen Ansatz entsprechend anzupassen, zeugt von Respekt, Aufgeschlossenheit und der Bereitschaft zur Zusammenarbeit. Es hilft beim Aufbau von Vertrauen und Beziehungen und macht andere empfänglicher für den eigenen Einfluss.

Mit gutem Beispiel vorangehen: Eine der wirkungsvollsten Möglichkeiten, andere ohne formelle Autorität zu beeinflussen, besteht darin, mit gutem Beispiel voranzugehen. Das Modellieren der Verhaltensweisen, Einstellungen und Werte, die andere nachahmen sollen, kann einen großen Einfluss haben. Wenn andere sehen, dass eine Person konsequent Integrität, Professionalität und die Verpflichtung zu Spitzenleistungen an den Tag legt, lassen sie sich eher von ihren Handlungen beeinflussen und folgen ihrem Beispiel.

Die Fähigkeit, andere ohne formelle Autorität zu beeinflussen, ist in verschiedenen Situationen eine wertvolle Fähigkeit. Es erfordert eine Kombination aus zwischenmenschlichen Fähigkeiten, effektiver Kommunikation, strategischen Ansätzen und dem Aufbau von Vertrauen und Beziehungen zu anderen. Durch den Einsatz dieser Strategien und Techniken kann man die Komplexität der Einflussnahme ohne formelle Autorität effektiv bewältigen und die gewünschten Ergebnisse erzielen.

Persönliche Macht und Glaubwürdigkeit nutzen

Einfluss basiert nicht nur auf formaler Autorität oder Position. Tatsächlich können die persönliche Macht und Glaubwürdigkeit einer Person eine wichtige Rolle bei der Beeinflussung anderer spielen, selbst wenn keine formelle Autorität vorhanden ist. Persönliche Macht bezieht sich auf die inhärenten Qualitäten und Eigenschaften, die eine Person besitzt, während sich Glaubwürdigkeit auf das Maß an Vertrauen und Glaubwürdigkeit bezieht, das andere einer Person zuschreiben. In diesem Kapitel werden wir uns damit befassen, wie wir persönliche Macht und Glaubwürdigkeit als mächtige Werkzeuge nutzen können, um andere ohne formelle Autorität zu beeinflussen.

Fachwissen entwickeln: Eine der effektivsten Möglichkeiten, persönliche Macht und Glaubwürdigkeit zu stärken, besteht darin, Fachwissen in einem bestimmten Bereich zu entwickeln. Der Erwerb von Sachkenntnis, Kompetenz und Kompetenz in einem bestimmten Bereich oder Bereich kann die Glaubwürdigkeit und den Einfluss einer Person steigern. Menschen neigen dazu, denen zu vertrauen und ihnen zu folgen, die als Experten auf ihrem jeweiligen Gebiet gelten. Dies kann durch kontinuierliches Lernen, den Erwerb relevanter Zertifizierungen und die Aktualisierung der neuesten Branchentrends und Best Practices erreicht werden.

Kompetenz demonstrieren: Neben Fachwissen kann auch der Nachweis von Kompetenz in den eigenen Handlungen und Verhaltensweisen einen erheblichen Einfluss auf die persönliche Macht und Glaubwürdigkeit haben. Zuverlässig und kompetent zu sein und kontinuierlich Ergebnisse zu liefern, schafft Vertrauen und Respekt bei anderen. Es ist wichtig, ein hohes Maß an Professionalität, Liebe zum Detail und eine Erfolgsbilanz vorzuweisen, um auch ohne formelle Autorität Einfluss zu gewinnen.

Beziehungen aufbauen: Der Aufbau starker Beziehungen, die auf Vertrauen, Respekt und gegenseitigem Verständnis basieren, kann eine starke Quelle persönlicher Stärke und Glaubwürdigkeit sein. Wenn Sie Zeit und Mühe investieren, um sinnvolle Verbindungen zu anderen aufzubauen, können Sie ein Netzwerk von Unterstützern schaffen, die eher von den eigenen Perspektiven und Ideen beeinflusst werden. Zum Aufbau positiver Beziehungen gehören auch aktives Zuhören, Empathie und das Verstehen der Perspektiven anderer, was die persönliche Stärke und Glaubwürdigkeit weiter stärken kann.

Demonstrieren Sie Integrität: Der Nachweis von Integrität in den eigenen Handlungen, Worten und Entscheidungen ist ein entscheidender Aspekt bei der Nutzung persönlicher Macht und Glaubwürdigkeit. Ehrlichkeit, Transparenz und konsequentes Handeln im Einklang mit den eigenen Werten und Prinzipien schaffen Vertrauen und Glaubwürdigkeit. Menschen lassen sich eher von Personen beeinflussen, die Integrität zeigen, da dies Zuverlässigkeit, Authentizität und ethisches Verhalten bedeutet.

Effektiv kommunizieren: Effektive Kommunikation ist eine Schlüsselkompetenz, um andere ohne formelle Autorität zu beeinflussen. Eine klare und überzeugende Kommunikation kann dazu beitragen, Ideen zu vermitteln, Zustimmung zu gewinnen und die Meinungen und Handlungen anderer zu beeinflussen. Es ist wichtig, den Kommunikationsstil an die Zielgruppe anzupassen, aktiv zuzuhören, eine überzeugende Sprache zu verwenden und überzeugende, durch Beweise untermauerte Argumente zu liefern. Effektive Kommunikation steigert die persönliche Macht und Glaubwürdigkeit und macht andere empfänglicher für den eigenen Einfluss.

Zeigen Sie Selbstvertrauen: Selbstvertrauen ist eine starke Eigenschaft, die die persönliche Macht und Glaubwürdigkeit bei der Beeinflussung anderer stärken kann. Selbstvertrauen spiegelt Selbstvertrauen, Überzeugung und den Glauben an die eigenen Fähigkeiten und Ideen wider. Wenn jemand Vertrauen in seine Kommunikation, sein Handeln und seine Entscheidungsfindung zeigt, ist es wahrscheinlicher, dass andere ihn als glaubwürdig und einflussreich wahrnehmen. Der Aufbau von Selbstvertrauen durch Selbstbewusstsein, Selbsteinschätzung und kontinuierliche Verbesserung kann sich erheblich auf die Fähigkeit auswirken, andere ohne formelle Autorität zu beeinflussen.

Sei authentisch: Authentizität ist ein Schlüsselelement persönlicher Macht und Glaubwürdigkeit bei der Beeinflussung anderer. Aufrichtig, transparent und sich selbst treu zu sein, schafft Vertrauen und eine Beziehung zu anderen. Authentizität fördert die Verbindung, die Verbundenheit und die Sympathie, was die persönliche Macht und Glaubwürdigkeit bei der Beeinflussung anderer stärken kann. Es ist wichtig, sich selbst treu zu bleiben, echte Gedanken und Gefühle auszudrücken und Vortäuschung oder Manipulation zu vermeiden, um bei der Beeinflussung anderer authentisch zu bleiben.

Zeige Empathie: Empathie oder die Fähigkeit, die Gefühle anderer zu verstehen und zu teilen, ist ein wirksames Instrument zur Einflussnahme ohne formelle Autorität. Indem man Empathie zeigt, kann man sich auf emotionaler Ebene mit anderen verbinden, ihre Perspektiven verstehen und Vertrauen und Beziehungen aufbauen. Empathie hilft beim Aufbau positiver Beziehungen und bei der LösungKonflikte und das Finden von Gemeinsamkeiten mit anderen, die maßgeblich zu deren Beeinflussung beitragen können. Dazu gehört es, aktiv zuzuhören, die Gefühle und Perspektiven anderer anzuerkennen und mit Verständnis und Mitgefühl zu reagieren.

Entwickeln Sie eine überzeugende Vision: Eine klare und überzeugende Vision zu haben, die sich an den Bedürfnissen und Wünschen anderer orientiert, kann ein wirksames Instrument zur Einflussnahme ohne formelle Autorität sein. Eine gut formulierte Vision, die bei anderen Anklang findet, kann sie dazu inspirieren, den eigenen Ideen und Vorschlägen zu folgen, sie zu unterstützen und sich von ihnen beeinflussen zu lassen. Es ist wichtig, die Vorteile und Auswirkungen der Vision auf eine Weise zu kommunizieren, die die Interessen und Motivationen anderer anspricht.

Seien Sie flexibel und anpassungsfähig: Flexibilität und Anpassungsfähigkeit sind wichtige Eigenschaften, um andere ohne formelle Autorität zu beeinflussen. Offenheit für Feedback, die Bereitschaft, Pläne oder Vorgehensweisen an sich ändernde Umstände anzupassen und sich an unterschiedliche Situationen und Persönlichkeiten anpassen zu können, kann die persönliche Stärke und Glaubwürdigkeit stärken. Flexibilität und Anpassungsfähigkeit zeugen von der Bereitschaft zur Zusammenarbeit und zur Suche nach Lösungen, die allen Beteiligten zugutekommen und andere überzeugend beeinflussen können.

Bilden Sie Koalitionen und Verbündete: Der Aufbau von Koalitionen und Verbündeten kann eine wirksame Strategie zur Einflussnahme ohne formelle Autorität sein. Die Identifizierung gleichgesinnter Einzelpersonen oder Gruppen mit ähnlichen Interessen oder Zielen und die Zusammenarbeit mit ihnen, um gemeinsam Einfluss auf andere zu nehmen, kann den eigenen Einfluss verstärken. Beim Aufbau von Allianzen geht es darum, Vertrauen aufzubauen, sich gegenseitig zu unterstützen und Gemeinsamkeiten mit anderen zu finden, um gemeinsame Ziele zu erreichen.

Zeigen Sie Respekt und Inklusion: Respekt und Inklusion sind entscheidend, um andere ohne formelle Autorität zu beeinflussen. Andere mit Respekt zu behandeln, ihre Meinung zu schätzen und unterschiedliche Perspektiven aktiv einzubeziehen, kann Vertrauen aufbauen, die Zusammenarbeit fördern und die persönliche Macht und Glaubwürdigkeit stärken. Der Respekt vor den Ideen, Perspektiven und der Gedankenvielfalt anderer schafft ein Umfeld der

Inklusivität, das den eigenen Einfluss auf andere stärken kann.

Seien Sie geduldig und beharrlich: Andere ohne formelle Autorität zu beeinflussen kann eine Herausforderung sein und Zeit in Anspruch nehmen. Es erfordert Geduld, Ausdauer und Beharrlichkeit. Es ist wichtig, dem Ziel treu zu bleiben, die Botschaft konsequent zu kommunizieren und den Ansatz bei Bedarf anzupassen. Geduld und Beharrlichkeit bei der Beeinflussung anderer können Entschlossenheit, Belastbarkeit und Engagement beweisen, was die persönliche Macht und Glaubwürdigkeit stärken kann.

Mit gutem Beispiel vorangehen: Mit gutem Beispiel voranzugehen ist eine wirkungsvolle Möglichkeit, andere ohne formelle Autorität zu beeinflussen. Durch die eigenen Handlungen, Verhaltensweisen und Entscheidungen ein positives Beispiel zu geben, kann andere dazu inspirieren, diesem Beispiel zu folgen. Ein Vorbild zu sein, Integrität zu demonstrieren und konsequent im Einklang mit den eigenen Werten und Prinzipien zu handeln, kann Vertrauen, Respekt und Glaubwürdigkeit aufbauen, was andere dazu veranlassen kann, ähnliche Verhaltensweisen anzunehmen.

Um andere ohne formelle Autorität zu beeinflussen, muss man persönliche Macht und Glaubwürdigkeit nutzen. Fachwissen entwickeln, Kompetenz demonstrieren, Beziehungen aufbauen, Integrität demonstrieren, effektive Kommunikation zeigen, Selbstvertrauen zeigen, authentisch sein, Empathie zeigen, eine überzeugende Vision entwickeln, flexibel und anpassungsfähig sein, Koalitionen und Verbündete bilden, Respekt und Inklusion demonstrieren, geduldig und beharrlich sein und Mit gutem Beispiel vorangehen sind Schlüsselstrategien, um die persönliche Macht und Glaubwürdigkeit bei der Beeinflussung anderer ohne formelle Autorität zu stärken. Durch die Beherrschung dieser Fähigkeiten und Strategien kann man ein erfahrener Influencer werden, der komplexe Situationen effektiv meistern und die gewünschten Ergebnisse erzielen kann.

Bildung von Allianzen und Koalitionen

Um andere ohne formelle Autorität zu beeinflussen, ist oft der Aufbau von Allianzen und Koalitionen erforderlich, bei denen es um die Zusammenarbeit mit gleichgesinnten Einzelpersonen oder Gruppen geht, um gemeinsam gemeinsame Ziele zu erreichen. Der Aufbau von Allianzen und Koalitionen kann eine wirksame Strategie sein, um den Einfluss zu verstärken und gewünschte Ergebnisse zu erzielen, insbesondere in komplexen und dynamischen Umgebungen. In diesem Kapitel werden wir uns eingehend mit den Einzelheiten des Aufbaus von Allianzen und Koalitionen befassen, da dies ein wichtiger Ansatz zur Beherrschung der Kunst des Einflusses ohne Autorität ist.

Allianzen und Koalitionen verstehen:

Allianzen und Koalitionen werden gebildet, indem Einzelpersonen oder Gruppen mit ähnlichen Interessen, Zielen oder Werten zusammengebracht werden, um gemeinsam auf ein gemeinsames Ziel hinzuarbeiten. Diese Allianzen oder Koalitionen können je nach Kontext und Art der Einflusssituation formell oder informell sein. Formelle Allianzen können unterzeichnete Vereinbarungen, etablierte Strukturen sowie definierte Rollen und Verantwortlichkeiten beinhalten, während informelle Allianzen flexibler und fließender sein können und auf gegenseitigem Vertrauen und Verständnis basieren.

Der Aufbau von Allianzen und Koalitionen kann in Situationen von entscheidender Bedeutung sein, in denen eine Einzelperson oder eine Gruppe keine formale Autorität hat, aber andere beeinflussen muss, um ein bestimmtes Ergebnis zu erzielen. Dies kann am Arbeitsplatz, in der Gemeinschaft, bei Interessenvertretungen oder in jedem anderen Kontext geschehen, in dem Einfluss ohne formelle Autorität erforderlich ist.

Detaillierte Strategien zum Aufbau von Allianzen und Koalitionen:

Identifizieren Sie gemeinsame Interessen und Ziele: Der erste Schritt beim Aufbau von Allianzen und Koalitionen besteht darin, gemeinsame Interessen und Ziele zwischen den beteiligten Einzelpersonen oder Gruppen zu identifizieren. Dazu ist es erforderlich, ihre Beweggründe, Bedürfnisse und Wünsche zu verstehen und Bereiche zu finden, in denen sie aufeinander abgestimmt sind. Indem Sie gemeinsame Interessen und Ziele identifizieren, können Sie eine Grundlage für die Zusammenarbeit schaffen und ein Zielbewusstsein entwickeln, das die Allianz oder Koalition zusammenbringt.

Bauen Sie Vertrauen und Beziehung auf: Vertrauen ist ein entscheidender Bestandteil jeder erfolgreichen Allianz oder Koalition. Um Vertrauen unter den Mitgliedern aufzubauen, müssen Sie eine offene und ehrliche Kommunikation aufbauen, zuverlässig und konsequent handeln und Integrität und Transparenz an den Tag legen. Auch der Rapport ist wichtig, da er das Gefühl der Verbundenheit und des gegenseitigen Verständnisses zwischen den Mitgliedern fördert. Die Schaffung eines Umfelds des Vertrauens und der Beziehungen fördert die Zusammenarbeit und Zusammenarbeit, die für wirksame Allianzen und Koalitionen unerlässlich sind.

Effektiv kommunizieren: Effektive Kommunikation ist entscheidend für den Aufbau von Allianzen und Koalitionen. Dabei geht es darum, sich aktiv die Perspektiven anderer anzuhören, die eigenen Ideen und Meinungen klar und respektvoll auszudrücken und in Diskussionen eine gemeinsame Basis zu finden. Eine klare und offene Kommunikation trägt dazu bei, Erwartungen in Einklang zu bringen, Konflikte zu lösen und das gegenseitige Verständnis zwischen den Mitgliedern zu fördern. Es hilft auch beim Aufbau von Beziehungen und der Aufrechterhaltung einer positiven und kollaborativen Atmosphäre innerhalb der Allianz oder Koalition.

Entwickeln Sie gemeinsame Strategien und Pläne: Sobald gemeinsame Interessen und Ziele identifiziert sind, ist es wichtig, gemeinsame Strategien und Pläne zur Erreichung dieser Ziele zu entwickeln. Dabei geht es darum, gemeinsam ein Brainstorming durchzuführen und verschiedene Optionen zu bewerten, die Vor- und Nachteile abzuwägen und sich auf eine Vorgehensweise zu einigen. Die Entwicklung gemeinsamer Strategien und Pläne fördert das Gefühl der Eigenverantwortung und des Engagements unter den Mitgliedern und steigert die Wirksamkeit des Bündnisses oder der Koalition.

Rollen und Verantwortlichkeiten zuweisen: Eine klare Definition der Rollen und Verantwortlichkeiten unter den Mitgliedern des Bündnisses oder der Koalition ist für ein reibungsloses Funktionieren und einen effizienten Fortschritt bei der Verwirklichung der gemeinsamen Ziele von wesentlicher Bedeutung. Die Zuweisung von Aufgaben, Rollen und

Verantwortlichkeiten auf der Grundlage der Stärken und Fachkenntnisse des Einzelnen sowie die Sicherstellung von Verantwortlichkeit und Transparenz bei der Zuweisung von Verantwortlichkeiten trägt dazu bei, Konflikte und Missverständnisse zu vermeiden und fördert das Gefühl der gemeinsamen Verantwortung und des gemeinsamen Engagements.

Zusammenarbeit und Zusammenarbeit fördern: Zusammenarbeit und Kooperation sind die Grundpfeiler erfolgreicher Allianzen und Koalitionen. Zur Förderung einer Kultur der Zusammenarbeit und Zusammenarbeit zwischen den Mitgliedern gehört die Förderung der Teamarbeit, die Anerkennung und Wertschätzung von Beiträgen sowie die konstruktive und integrative Lösung von Konflikten. Dazu gehört auch die Förderung eines Geistes der gegenseitigen Unterstützung, des Teilens von Ressourcen und des gemeinsamen Feierns von Erfolgen, was die Bindung zwischen den Mitgliedern stärkt und die Wirksamkeit des Bündnisses oder der Koalition erhöht.

Seien Sie integrativ und vielfältig: Inklusiv und vielfältigRepräsentation ist beim Aufbau von Allianzen und Koalitionen von entscheidender

Bedeutung. Die Einbeziehung von Einzelpersonen oder Gruppen mit unterschiedlichen Hintergründen, Perspektiven und Fachkenntnissen kann wertvolle Erkenntnisse, Kreativität und Innovation in die Allianz oder Koalition einbringen. Es kann auch dazu beitragen, potenzielle Vorurteile anzugehen, Gerechtigkeit zu fördern und sicherzustellen, dass bei Entscheidungsprozessen ein breiteres Spektrum an Perspektiven berücksichtigt wird. Inklusivität und Diversität beim Aufbau von Allianzen und Koalitionen steigern nicht nur die Effektivität der Gruppe, sondern fördern auch Gerechtigkeit und sozialen Zusammenhalt.

Konflikte und Differenzen verwalten: Konflikte und Differenzen sind bei jeder Zusammenarbeit unvermeidlich und es ist wichtig, sie in Allianzen und Koalitionen proaktiv zu bewältigen. Dabei geht es darum, Konflikte und Differenzen zeitnah und konstruktiv anzugehen, wirksame Konfliktlösungstechniken einzusetzen und Win-Win-Lösungen zu finden. Der Umgang mit Konflikten und Unterschieden erfordert Aufgeschlossenheit, Empathie und die Bereitschaft, unterschiedliche Perspektiven zu verstehen und zu respektieren. Dazu gehört auch die Aufrechterhaltung einer positiven und integrativen

Atmosphäre innerhalb des Bündnisses oder der Koalition, in der sich alle Mitglieder gehört, geschätzt und einbezogen fühlen.

Behalten Sie Flexibilität und Anpassungsfähigkeit bei: Bündnisse und Koalitionen können auf ihrem Weg mit Herausforderungen und Unsicherheiten konfrontiert sein, und es ist wichtig, Flexibilität und Anpassungsfähigkeit als Reaktion auf sich ändernde Umstände aufrechtzuerhalten. Die Offenheit für neue Ideen, Feedback und das Lernen aus Erfahrungen ermöglicht es der Allianz oder Koalition, ihre Strategien und Pläne nach Bedarf weiterzuentwickeln und anzupassen. Flexibilität und Anpassungsfähigkeit ermöglichen es der Allianz oder Koalition, Hindernisse zu überwinden, Chancen zu nutzen und bei der Erreichung ihrer gemeinsamen Ziele relevant und effektiv zu bleiben.

Bauen Sie langfristige Beziehungen auf: Beim Aufbau von Allianzen und Koalitionen geht es nicht nur um kurzfristige Zusammenarbeit, sondern auch um den Aufbau langfristiger Beziehungen, die auf Vertrauen, Respekt und gemeinsamen Werten basieren. Die Pflege der Beziehungen zwischen den Mitgliedern erfordert kontinuierliche Kommunikation, gegenseitige

Unterstützung und das gemeinsame Feiern von Erfolgen. Langfristige Beziehungen, die auf Vertrauen und gegenseitigem Respekt basieren, bilden eine solide Grundlage für nachhaltige Zusammenarbeit und Einflussnahme ohne Autorität.

Der Aufbau von Allianzen und Koalitionen ist ein wirkungsvoller Ansatz, um die Kunst des Einflusses ohne Autorität zu meistern. Es erfordert die Identifizierung gemeinsamer Interessen und Ziele, den Aufbau von Vertrauen und Beziehungen, eine effektive Kommunikation, die Entwicklung gemeinsamer Strategien und Pläne, die Zuweisung von Rollen und Verantwortlichkeiten, die Förderung von Zusammenarbeit und Zusammenarbeit, die Integration und Diversität, den Umgang mit Konflikten und Unterschieden, die Aufrechterhaltung von Flexibilität und Anpassungsfähigkeit sowie den Aufbau langfristiger Ziele -Begriffsbeziehungen. Durch den Einsatz dieser tiefgreifenden Strategien kann man effektiv Allianzen und Koalitionen bilden, um seinen Einfluss zu verstärken und gewünschte Ergebnisse zu erzielen, selbst wenn keine formelle Autorität vorhanden ist.

Navigieren durch herausfordernde Einflussszenarien

Einflussnahme ist nicht immer einfach, insbesondere wenn versucht wird, ohne formelle Autorität Einfluss zu nehmen. Es gibt oft herausfordernde Szenarien, die spezifische Strategien und Taktiken erfordern, um effektiv zu navigieren. In diesem Kapitel werden wir eingehend untersuchen, wie wir mit herausfordernden Einflussszenarien wie Widerstand, Skepsis, widersprüchlichen Interessen und Machtungleichgewichten umgehen können.

Widerstand bekämpfen: Wenn Sie versuchen, ohne Autorität Einfluss zu nehmen, stößt man häufig auf den Widerstand anderer, die möglicherweise zunächst nicht aufgeschlossen für Ihre Ideen oder Vorschläge sind. Widerstand kann sich auf unterschiedliche Weise äußern, etwa in Form von Skepsis, Ablehnung oder völliger Ablehnung. Um Widerstand anzugehen, ist es wichtig, aktiv zuzuhören und Empathie zu üben, um die zugrunde liegenden Bedenken oder Einwände der anderen Partei zu verstehen. Erkennen Sie ihre Ansichten an und bestätigen Sie ihre Bedenken, um eine Beziehung und Vertrauen aufzubauen. Nutzen Sie dann strategische Kommunikations- und Framing-Techniken, um Ihre Ideen oder Vorschläge so umzuformulieren, dass sie mit ihren Interessen oder Werten übereinstimmen. Stellen Sie Beweise, Beispiele und logische Argumente zur Verfügung, um Ihre Argumente zu untermauern und mögliche Einwände auszuräumen. Gehen Sie geduldig, beharrlich und anpassungsfähig vor und vermeiden Sie aggressive oder konfrontative Taktiken, da diese den Widerstand eskalieren und Ihre Einflussbemühungen behindern können.

Mit Skepsis umgehen: Skepsis ist eine natürliche Reaktion auf neue Ideen oder Vorschläge, insbesondere wenn sie von jemandem ohne formelle Autorität kommen. Um mit Skepsis umzugehen, ist es wichtig, Glaubwürdigkeit aufzubauen, indem Sie Ihr Fachwissen, Ihre Erfahrung und Ihre Erfolgsbilanz in ähnlichen Situationen unter Beweis stellen. Stellen Sie Beweise, Daten und Fallstudien zur Verfügung, um die Machbarkeit und den Nutzen Ihrer Ideen oder Vorschläge zu untermauern. Bauen Sie Beziehungen und Allianzen mit einflussreichen Stakeholdern auf, die für Ihre Glaubwürdigkeit bürgen und Ihre Einflussbemühungen unterstützen können. Seien Sie bereit, Fragen, Bedenken und

Zweifel klar und selbstbewusst anzusprechen und seien Sie offen für Feedback und konstruktive Kritik. Durch den effektiven Umgang mit Skepsis können Sie das Vertrauen anderer gewinnen und Ihren Einfluss in herausfordernden Situationen erhöhen.

Konfliktkonflikte lösen: Wenn Sie versuchen, ohne Autorität Einfluss zu nehmen, kann es vorkommen, dass verschiedene Interessengruppen widersprüchliche Interessen oder Prioritäten haben. Dies kann zu Herausforderungen bei der Abstimmung und Unterstützung Ihrer Ideen oder Vorschläge führen. In solchen Szenarien ist es entscheidend, einen kollaborativen und integrativen Ansatz zu verfolgen. Versuchen Sie, die Perspektiven, Bedürfnisse und Prioritäten aller beteiligten Stakeholder zu verstehen, und suchen Sie nach Gemeinsamkeiten oder gemeinsamen Interessen. Führen Sie einen konstruktiven Dialog und Verhandlungen, um Win-Win-Lösungen zu finden, die die Anliegen aller Beteiligten berücksichtigen. Seien Sie bereit, Kompromisse einzugehen und kreative Lösungen zu finden, die unterschiedliche Interessen in Einklang bringen und gleichzeitig Ihre Kernziele im Fokus behalten. Der Aufbau von Koalitionen und Allianzen mit Stakeholdern, die ähnliche Interessen teilen, kann auch dazu beitragen, widersprüchliche Interessen zu lösen und Unterstützung für Ihre Einflussbemühungen zu gewinnen.

Bewältigung von Leistungsungleichgewichten: Beim Versuch, ohne Autorität Einfluss zu nehmen, können Machtungleichgewichte eine erhebliche Herausforderung darstellen. Macht kann in Organisationen hierarchisch, formell oder informell sein und Entscheidungsprozesse und -ergebnisse beeinflussen. Um Machtungleichgewichte zu bewältigen, ist es wichtig, die Machtquellen und Dynamiken innerhalb der Organisation zu verstehen. Identifizieren Sie einflussreiche Stakeholder und Entscheidungsträger, die das Ergebnis Ihrer Einflussbemühungen beeinflussen können, und bauen Sie Beziehungen zu ihnen auf, die auf Vertrauen, Respekt und gemeinsamen Interessen basieren. Nutzen Sie strategische Rahmenbedingungen und Sprache, um Ihre Vorschläge an den Werten, Zielen und Prioritäten wichtiger Stakeholder auszurichten. Arbeiten Sie mit einflussreichen Verbündeten und Unterstützern zusammen, um Ihren Einfluss zu verstärken und Machtungleichgewichte effektiv zu bewältigen. Es ist außerdem wichtig, Integrität, Professionalität und ethisches Verhalten bei Ihren

Einflussbemühungen an den Tag zu legen, um den Respekt und das Vertrauen anderer zu gewinnen, unabhängig von Ihrer formellen Autorität.

Nutzung von Netzwerken und Verbündeten: Der Aufbau und die Nutzung von Netzwerken und Verbündeten kann bei der Bewältigung herausfordernder Einflussszenarien von entscheidender Bedeutung sein. Netzwerke und Allianzen können Zugang zu Ressourcen, Informationen, Unterstützung und Möglichkeiten bieten, die Ihre Einflussbemühungen verbessern können. Identifizieren Sie einflussreiche Einzelpersonen oder Gruppen, die als Verbündete dienen könnenund Verfechter Ihrer Ideen oder Vorschläge. Pflegen Sie Beziehungen zu ihnen, indem Sie authentisch, unterstützend und kooperativ sein. Arbeiten Sie mit ihnen an gemeinsamen Projekten oder Initiativen zusammen, um ein gemeinsames Ziel zu schaffen und Vertrauen aufzubauen. Nutzen Sie ihr Fachwissen, ihre Glaubwürdigkeit und ihre Netzwerke, um Ihren Einfluss zu verstärken und die Unterstützung anderer Interessengruppen zu gewinnen. Pflegen und erweitern Sie proaktiv Ihre Netzwerke innerhalb und außerhalb Ihrer Organisation, um Ihren Einflussbereich zu erweitern und Ihre Fähigkeit zu verbessern, schwierige Einflussszenarien zu meistern.

Vertrauen und Glaubwürdigkeit aufbauen: Vertrauen und Glaubwürdigkeit sind entscheidende Bestandteile der Einflussnahme ohne Autorität. Ohne formelle Autorität müssen Sie sich darauf verlassen, durch Ihre Handlungen, Verhaltensweisen und Beziehungen Vertrauen und Glaubwürdigkeit aufzubauen. Seien Sie konsequent in Ihren Worten und Taten und halten Sie Ihre Verpflichtungen ein. Seien Sie in Ihrer Kommunikation und Interaktion zuverlässig, verlässlich und transparent. Bauen Sie Ihr Fachwissen, Ihre Kompetenz und Ihr Wissen in Ihrem Einflussbereich auf, um Glaubwürdigkeit aufzubauen. Zeigen Sie Empathie, aktives Zuhören und Verständnis, um Vertrauen zu anderen aufzubauen. Seien Sie bei Ihren Einflussbemühungen ethisch, professionell und authentisch und vermeiden Sie manipulatives oder unethisches Verhalten, das Vertrauen und Glaubwürdigkeit untergraben kann. Wenn andere Sie als vertrauenswürdig und glaubwürdig ansehen, ist es wahrscheinlicher, dass sie sich Ihre Ideen anhören, Ihre Vorschläge berücksichtigen und Ihre Einflussbemühungen unterstützen.

Entfalten Sie Ihren Einflussstil:
Unterschiedliche Situationen erfordern
möglicherweise unterschiedliche Einflussstile. Es
ist wichtig, flexibel zu sein und Ihren Einflussstil an
den Kontext und die Personen anzupassen, die Sie
beeinflussen möchten. Zu den gängigen
Einflussstilen gehören rationale Überzeugung,
Beratung, inspirierende Anziehungskraft,
Zusammenarbeit und Durchsetzungsvermögen. Bei
der rationalen Überzeugungsarbeit geht es darum,
logische Überlegungen, Daten und Beweise zu
nutzen, um Ihre Ideen überzeugend zu vertreten.
Bei der Konsultation geht es darum, Input
einzuholen und andere in den
Entscheidungsprozess einzubeziehen, um deren
Zustimmung zu gewinnen. Inspirierende
Anziehungskraft bedeutet, Emotionen, Werte und
Bestrebungen anzusprechen, um andere zu
inspirieren und zu motivieren. Bei der
Zusammenarbeit geht es darum, mit anderen
zusammenzuarbeiten, ihre Stärken und ihr
Fachwissen zu nutzen und Win-Win-Lösungen zu
schaffen. Durchsetzungsvermögen bedeutet, dass
Sie Ihre Ideen und Meinungen selbstbewusst und
selbstbewusst zum Ausdruck bringen und
gleichzeitig die Perspektiven anderer respektieren.
Der Schlüssel liegt darin, anpassungsfähig zu sein
und den geeigneten Einflussstil zu wählen, der bei

den Personen, die Sie in einer bestimmten Situation beeinflussen möchten, am ehesten Anklang findet.

ICHEinflussnahme ohne formelle Autorität kann eine Herausforderung sein, ist aber mit den richtigen Strategien und Taktiken möglich. Die Bewältigung herausfordernder Einflussszenarien erfordert Fähigkeiten im Umgang mit Widerständen, im Umgang mit Skepsis, in der Lösung widersprüchlicher Interessen, im Umgang mit Machtungleichgewichten, in der Nutzung von Netzwerken und Verbündeten, im Aufbau von Vertrauen und Glaubwürdigkeit sowie in der Flexion Ihres Einflussstils. Durch das Verstehen und Anwenden dieser Prinzipien können Sie Ihre Fähigkeit verbessern, andere zu beeinflussen, Unterstützung für Ihre Ideen oder Vorschläge zu gewinnen und die gewünschten Ergebnisse zu erzielen, auch ohne formelle Autorität. Denken Sie daran, bei Ihren Einflussbemühungen authentisch, ethisch und respektvoll zu sein und streben Sie danach, Win-Win-Lösungen zu schaffen, von denen alle Beteiligten profitieren.

Kapitel 7: Die Kunst des Timings

Erkennen der Bedeutung des Timings für den Einfluss

Das Timing ist ein entscheidender Faktor in der Kunst der Einflussnahme. Wenn Sie wissen, wann Sie Maßnahmen ergreifen, wann Sie kommunizieren und wann Sie Maßnahmen ergreifen müssen, kann dies Ihre Effektivität bei der Beeinflussung anderer erheblich beeinflussen. In diesem Kapitel befassen wir uns mit dem Konzept des Timings und seiner Bedeutung in der Kunst des Einflusses. Wir bieten detaillierte Einblicke und praktische Tipps, wie Sie das Timing nutzen können, um Ihre Fähigkeit, andere erfolgreich zu beeinflussen, zu verbessern.

Die Dynamik des Timings verstehen: Beim Timing geht es nicht nur um den richtigen Zeitpunkt zum Handeln, sondern auch um das Verständnis der Dynamik der Situation und der beteiligten Personen. Dabei müssen verschiedene

Faktoren berücksichtigt werden, wie zum Beispiel der Kontext, der emotionale Zustand der anderen Person, der Grad der Bereitschaft und die äußere Umgebung. Der Zeitpunkt kann je nach Situation, beteiligten Personen und kulturellem Kontext variieren. Es erfordert ein Gespür für die Nuancen der Situation und der Personen, die Sie beeinflussen möchten.

Beurteilung der Bereitschaft und Aufnahmefähigkeit: Beim Timing geht es darum, die Bereitschaft und Aufnahmefähigkeit der anderen Person oder Gruppe einzuschätzen. Menschen sind möglicherweise offener für Einflussnahme, wenn sie in einer positiven Stimmung sind, für neue Ideen empfänglich sind oder mit einem bestimmten Bedürfnis oder einer Herausforderung konfrontiert sind. Die Beurteilung ihrer Bereitschaft und Aufnahmebereitschaft kann Ihnen dabei helfen, den richtigen Zeitpunkt für die Präsentation Ihrer Ideen oder Vorschläge zu bestimmen. Dazu kann es gehören, verbale und nonverbale Signale zu beobachten, offene Fragen zu stellen und aktiv zuzuhören, um ihre Perspektiven und Gefühle zu verstehen.

Chancen nutzen: Beim Timing geht es auch darum, sich bietende Chancen zu erkennen und zu nutzen. Manchmal bieten sich unerwartete Gelegenheiten, etwa eine zufällige Begegnung mit einem Entscheidungsträger oder eine plötzliche Änderung der Umstände, die ein günstiges Umfeld für Ihre Einflussbemühungen schaffen können. Wenn Sie solche Chancen proaktiv, flexibel und agil erkennen und nutzen, kann dies Ihre Fähigkeit, andere positiv zu beeinflussen, erheblich beeinflussen.

Ausrichtung auf Entscheidungszyklen: In Organisationen können sich Entscheidungszyklen und -prozesse auf den Zeitpunkt Ihrer Einflussbemühungen auswirken. Wenn Sie die Entscheidungszyklen, Protokolle und Hierarchien in Ihrem Unternehmen verstehen, können Sie Ihre Einflussstrategien entsprechend ausrichten. Wenn beispielsweise erwartet wird, dass zu einem bestimmten Zeitpunkt oder in einer bestimmten Besprechung eine wichtige Entscheidung getroffen wird, können Sie Ihre Einflussbemühungen so planen, dass sie mit diesem Zeitplan übereinstimmen, und so sicherstellen, dass Ihre Ideen oder Vorschläge im richtigen Moment berücksichtigt werden.

Umgang mit Widerständen und Hindernissen: Das Timing kann auch eine entscheidende Rolle bei der Bewältigung von Widerständen und der Überwindung von Hindernissen bei Ihren Einflussbemühungen spielen. Wenn Sie beispielsweise auf Widerstand oder Skepsis anderer stoßen, kann das Timing strategisch genutzt werden, um diese Herausforderungen anzugehen. Dazu kann es gehören, einen Schritt zurückzutreten, sich neu zu gruppieren und Ihren Ansatz zu überdenken, wenn der Zeitpunkt günstiger ist, oder Input und Feedback von anderen einzuholen, um auf ihre Bedenken einzugehen, bevor Sie Ihre Ideen erneut präsentieren.

Anpassung an kulturelle und kontextuelle Faktoren: Der Zeitpunkt kann durch kulturelle und kontextuelle Faktoren beeinflusst werden. Verschiedene Kulturen haben unterschiedliche Normen, Erwartungen und Arten, Zeit wahrzunehmen. Das Verstehen und Respektieren kultureller Unterschiede im Timing kann bei interkulturellen Einflussbemühungen von entscheidender Bedeutung sein. Kontextfaktoren wie die Dringlichkeit einer Situation, der Grad der Formalität oder der Grad des Vertrauens zwischen Einzelpersonen können sich auch auf den Zeitpunkt Ihrer Einflussstrategien auswirken. Die Anpassung Ihres Ansatzes an kulturelle und kontextuelle

Faktoren kann Ihre Effektivität bei der Beeinflussung anderer erheblich steigern.

Geduld und Beharrlichkeit in Einklang bringen: Beim Timing geht es auch darum, die richtige Balance zwischen Geduld und Beharrlichkeit zu finden. Manchmal brauchen Einflussbemühungen Zeit und es erfordert Geduld, auf den passenden Moment zu warten. Zu viel Geduld kann jedoch dazu führen, dass Chancen verpasst werden oder die Dynamik verloren geht. Andererseits kann zu hartnäckiges oder aufdringliches Verhalten nach hinten losgehen und zu Widerstand oder Ablehnung führen. Das richtige Gleichgewicht zwischen Geduld und Beharrlichkeit zu finden, erfordert Urteilsvermögen, Intuition und Anpassungsfähigkeit und kann erhebliche Auswirkungen habenIhre Fähigkeit, andere erfolgreich zu beeinflussen.

Überwachung und Anpassung: Zu einem effektiven Timing gehört auch die kontinuierliche Überwachung und Anpassung Ihrer Einflussbemühungen basierend auf der sich ändernden Dynamik der Situation. Es erfordert Agilität und Anpassungsfähigkeit sowie die Bereitschaft, bei Bedarf Anpassungen vorzunehmen. Achten Sie auf Rückmeldungen,

Hinweise von anderen und Veränderungen in der Situation und seien Sie bereit, Ihren Ansatz oder Ihr Timing entsprechend anzupassen. Proaktiv zu sein und auf Veränderungen zu reagieren kann Ihnen helfen, auf dem richtigen Weg zu bleiben und Ihre Erfolgschancen bei der Beeinflussung anderer zu erhöhen.

Nutzung verschiedener Timing-Strategien: Abhängig von der Situation und den beteiligten Personen können Sie bei Ihren Einflussbemühungen unterschiedliche Timing-Strategien anwenden. Dazu können gehören:

A. Frontloading: Beim Frontloading geht es darum, Ihre Ideen oder Vorschläge zu Beginn des Einflussprozesses vorzustellen, um Ihre Position zu etablieren und Dynamik aufzubauen. Dies kann effektiv sein, wenn Sie starke Argumente oder Beweise zur Untermauerung Ihrer Ideen haben und den Ton für die Diskussion angeben möchten.

B. Timing in der Spielmitte: Beim Timing in der Spielmitte geht es darum, Ihre Ideen oder Vorschläge in einem kritischen Moment des Entscheidungsprozesses zu präsentieren, wenn Emotionen, Interessen und Prioritäten im Spiel sind. Dies kann effektiv sein, wenn Sie die Dynamik der Situation nutzen möchten, um Unterstützung für Ihre Ideen zu gewinnen.

C. Endgame-Timing: Beim Endgame-Timing geht es darum, Ihre Ideen oder Vorschläge gegen Ende des Entscheidungsprozesses zu präsentieren, wenn Optionen eingegrenzt werden und Entscheidungen finalisiert werden. Dies kann effektiv sein, wenn Sie Ihre Ideen untermauern und einen letzten überzeugenden Anstoß geben möchten.

D. Follow-up-Timing: Beim Follow-up-Timing geht es darum, Ihre Follow-up-Aktionen, wie Erinnerungen, zusätzliche Informationen oder Besprechungen, strategisch zu planen, um Ihre Einflussbemühungen zu verstärken. Dies kann effektiv sein, wenn Sie die Dynamik aufrechterhalten und Ihre Ideen im Kopf der Entscheidungsträger behalten möchten.

Umgang mit Ungeduld und Frustration: Schließlich erfordert ein effektives Timing auch den Umgang mit Ungeduld und Frustration. Beeinflussungsbemühungen können manchmal eine Herausforderung sein und führen möglicherweise nicht zu sofortigen Ergebnissen. Es ist wichtig, mit Ihren Erwartungen und Emotionen umzugehen und nicht zuzulassen, dass Ungeduld oder Frustration Ihre Fähigkeit beeinträchtigen, Ihre Einflussbemühungen strategisch zu planen. Bleiben Sie konzentriert, belastbar und beharrlich und vertrauen Sie dem Einflussprozess.

TIming ist ein entscheidendes Element in der Kunst der Einflussnahme. Es erfordert, die Dynamik des Timings zu verstehen, Bereitschaft und Empfänglichkeit einzuschätzen, Chancen zu ergreifen, sich an Entscheidungszyklen auszurichten, mit Widerständen und Hindernissen umzugehen, sich an kulturelle und kontextuelle Faktoren anzupassen, Geduld und Beharrlichkeit in Einklang zu bringen, zu überwachen und anzupassen, verschiedene Timing-Strategien zu nutzen usw Umgang mit Ungeduld und Frustration. Die Beherrschung der Kunst des Timings kann Ihre Effektivität bei der Beeinflussung anderer ohne formelle Autorität erheblich steigern und Ihre Erfolgschancen beim Erreichen der gewünschten Ergebnisse erhöhen.

Denken Sie auf Ihrem weiteren Weg zum erfahrenen Influencer daran, dass Timing keine exakte Wissenschaft ist, sondern eine Kunst, die Beobachtung, Intuition und Anpassungsfähigkeit erfordert. Lernen Sie weiter, üben Sie und verfeinern Sie Ihre Timing-Fähigkeiten, und Sie sind auf dem besten Weg, ein Meister der Kunst der Einflussnahme ohne formelle Autorität zu werden.

Die Psychologie der Entscheidungsfindung verstehen

Effektives Timing ist ein entscheidendes Element in der Kunst der Einflussnahme, und das Verständnis der Psychologie der Entscheidungsfindung kann Ihre Fähigkeit, Ihre Einflussbemühungen strategisch zu planen, erheblich verbessern. Entscheidungsfindung ist ein komplexer kognitiver Prozess, der von verschiedenen psychologischen Faktoren beeinflusst wird, die beeinflussen, wie Menschen Entscheidungen treffen, Informationen verarbeiten und auf Überzeugungsbemühungen reagieren. In diesem Kapitel befassen wir uns mit der Psychologie der Entscheidungsfindung und untersuchen, wie Sie dieses Verständnis nutzen können, um Ihre Timing-Strategien für maximalen Einfluss zu optimieren.

Kognitive Voreingenommenheit: Kognitive Verzerrungen sind systematische Fehler in der menschlichen Urteils- und Entscheidungsfindung, die sich erheblich darauf auswirken können, wie Menschen Informationen wahrnehmen und Entscheidungen treffen. Diese Vorurteile können Faktoren wie Aufmerksamkeit, Wahrnehmung, Gedächtnis und Argumentation beeinträchtigen und zu einer suboptimalen Entscheidungsfindung führen. Zu den häufigen kognitiven Verzerrungen gehören Bestätigungsverzerrungen (Tendenz, Informationen zu suchen und zu interpretieren, die die eigenen Überzeugungen oder Einstellungen bestätigen), Verfügbarkeitsverzerrungen (Tendenz, sich auf leicht verfügbare Informationen zu verlassen), Verankerungsverzerrungen (Tendenz, sich stark auf die erste Information zu verlassen, auf die man stößt). und Verlustaversion (Tendenz, Verluste mehr zu vermeiden als Gewinne anzustreben). Wenn Sie diese Vorurteile verstehen, können Sie Ihre Timing-Strategien so anpassen, dass sie sich an der Art und Weise orientieren, wie Menschen Informationen verarbeiten und Entscheidungen treffen.

Emotionale Einflüsse: Emotionen spielen bei der Entscheidungsfindung eine bedeutende Rolle. Untersuchungen haben gezeigt, dass Emotionen unsere Urteile, Vorlieben und Entscheidungen beeinflussen können. Emotionen wie Angst, Freude, Wut und Empathie können Entscheidungsprozesse und -ergebnisse beeinflussen. Beispielsweise kann das Ansprechen von Emotionen durch Geschichtenerzählen, anschauliche Sprache oder persönliche Anekdoten emotionale Reaktionen hervorrufen, die die

Entscheidungsfindung beeinflussen können. Wenn Sie die emotionalen Einflüsse auf die Entscheidungsfindung verstehen, können Sie Ihre Einflussbemühungen so planen, dass sie die Emotionen Ihrer Zielgruppe widerspiegeln und so Ihre Überzeugungswirkung verstärken.

Soziale Einflüsse: Auch soziale Faktoren spielen bei der Entscheidungsfindung eine entscheidende Rolle. Menschen sind soziale Wesen und ihre Entscheidungen werden oft von den Meinungen, Einstellungen und Verhaltensweisen anderer beeinflusst. Sozialer Einfluss kann durch verschiedene Mechanismen erfolgen, wie etwa Konformität (die eigenen Einstellungen oder Verhaltensweisen mit denen anderer in Einklang bringen), soziale Beweise (sich auf das Verhalten anderer als Anhaltspunkt für angemessenes Verhalten verlassen) und Autorität (die Meinungen glaubwürdiger Experten respektieren und ihnen folgen). oder Figuren). Wenn Sie soziale Einflüsse verstehen, können Sie Ihre Einflussbemühungen so planen, dass Sie die Kraft der sozialen Dynamik nutzen und Ihre Überzeugungskraft steigern.

Entscheidungsheuristik:
Entscheidungsheuristiken sind mentale Abkürzungen oder Faustregeln, die Menschen

nutzen, um Entscheidungen schnell und effizient zu treffen. Diese Heuristiken können komplexe Entscheidungsprozesse vereinfachen, können aber auch zu Verzerrungen und Fehlern führen. Beispiele für Entscheidungsheuristiken sind die Verfügbarkeitsheuristik (die sich auf leicht verfügbare Informationen stützt), die Repräsentativitätsheuristik (Urteile auf der Grundlage von Stereotypen oder Prototypen fällen) und die Vertrautheitsheuristik (vertraute Optionen gegenüber unbekannten bevorzugen). Wenn Sie Entscheidungsheuristiken verstehen, können Sie vorhersehen, wie Menschen Entscheidungen treffen könnten, und Ihre Timing-Strategien entsprechend anpassen.

Motivation und Zielorientierung: Motivation und Zielorientierung spielen bei der Entscheidungsfindung eine wesentliche Rolle. Menschen werden von ihren Wünschen, Bedürfnissen und Zielen angetrieben und ihre Entscheidungen werden oft von diesen Motivationen geleitet. Das Verständnis der zugrunde liegenden Motivationen und Zielorientierung Ihrer Zielgruppe kann Ihnen dabei helfen, Ihre Timing-Strategien so auszurichten, dass sie mit ihren Motivationen in Einklang stehen und die Wahrscheinlichkeit erhöhen, ihre

Entscheidungen zu beeinflussen. Wenn Sie beispielsweise an ihre Werte, Bestrebungen oder persönlichen Interessen appellieren, kann dies ihre Motivation steigern, für Ihre Einflussbemühungen empfänglich zu sein.

Kontext und Umgebung: Der Kontext und die Umgebung, in der die Entscheidungsfindung stattfindet, können sich auch darauf auswirken, wie Menschen Entscheidungen treffen. Faktoren wie die physische Umgebung, soziale Normen, kulturelle Einflüsse und Situationsmerkmale können Entscheidungsprozesse und -ergebnisse beeinflussen. Beispielsweise kann die Entscheidungsfindung bei einem formellen Geschäftstreffen von anderen Faktoren beeinflusst werden als die Entscheidungsfindung in einem ungezwungenen gesellschaftlichen Umfeld.

Wenn Sie die Rolle von Kontext und Umgebung verstehen, können Sie Ihre Einflussbemühungen so planen, dass sie auf den spezifischen Kontext abgestimmt sind, in dem Ihre Zielgruppe ihre Entscheidungen trifft.

Kognitive Belastung: Unter kognitiver Belastung versteht man die Menge an kognitiver Verarbeitungskapazität, die im Arbeitsgedächtnis beansprucht wird. Wenn Personen einer hohen kognitiven Belastung ausgesetzt sind, beispielsweise beim Multitasking oder bei der Bewältigung komplexer Aufgaben, kann ihre Fähigkeit, überzeugende Botschaften zu verarbeiten und zu bewerten, eingeschränkt sein. Das Verständnis der kognitiven Belastung kann Ihnen dabei helfen, Ihre Einflussbemühungen dann zu planen, wenn Ihre Zielgruppe wahrscheinlich eine geringe kognitive Belastung hat, z. B. wenn sie weniger abgelenkt ist oder über mehr kognitive Kapazität verfügt, um Ihre Botschaft effektiv zu verarbeiten.

Entscheidungsstile: Menschen haben unterschiedliche Entscheidungsstile. Wenn Sie diese Stile verstehen, können Sie Ihre Timing-Strategien entsprechend anpassen. Manche Menschen treffen ihre Entscheidungen möglicherweise rationaler und analytischer, während andere intuitiver oder emotionaler sind. Indem Sie den Entscheidungsstil Ihrer Zielgruppe verstehen, können Sie Ihre Einflussbemühungen an deren bevorzugten Stil anpassen und so die Wahrscheinlichkeit erhöhen, ihre Entscheidungen zu beeinflussen.

Entscheidungsprozess: Die Entscheidungsfindung ist ein Prozess, der mehrere Phasen umfasst, wie z. B. Problemerkennung, Informationssuche, Bewertung von Alternativen und endgültige Entscheidung. Wenn Sie den Entscheidungsprozess verstehen, können Sie Ihre Einflussbemühungen auf die günstigsten Zeitpunkte dieses Prozesses abstimmen. Beispielsweise kann es effektiver sein, Ihre Einflussbemühungen während der Informationssuche zu planen, wenn Einzelpersonen aktiv nach Informationen suchen, als während der Bewertungsphase, wenn Einzelpersonen bereits einer bestimmten Option gegenüber voreingenommen sind.

Entscheidungsrahmen: Wie eine Entscheidung formuliert wird, kann erheblichen Einfluss darauf haben, wie sie wahrgenommen und bewertet wird. Beispielsweise kann die Darstellung einer Entscheidung als Gewinn oder Verlust, die Hervorhebung verschiedener Attribute oder Merkmale einer Option oder die positive oder negative Formulierung einer Option die Entscheidungsfindung beeinflussen. Wenn Sie die Entscheidungsfindung verstehen, können Sie Ihre Einflussbemühungen so planen, dass Ihre Botschaft so formuliert wird, dass sie mit den Werten,

Vorlieben und Motivationen Ihrer Zielgruppe in Einklang steht.

Das Verständnis der Psychologie der Entscheidungsfindung ist entscheidend für die Beherrschung der Kunst des Timings bei der Einflussnahme. Indem Sie die kognitiven Vorurteile, emotionalen Einflüsse, sozialen Einflüsse, Entscheidungsheuristiken, Motivation und Zielorientierung, Kontext und Umgebung, kognitive Belastung, Entscheidungsstile, Entscheidungsprozesse und Entscheidungsrahmen erkennen, können Sie Ihre Einflussbemühungen strategisch planen um Ihre Überzeugungswirkung zu maximieren. Wenn Sie sich dieser psychologischen Faktoren bewusst sind und Ihre Timing-Strategien entsprechend anpassen, können Sie Ihre Fähigkeit, andere auch ohne formelle Autorität zu beeinflussen, erheblich verbessern und in verschiedenen Einflussszenarien die gewünschten Ergebnisse erzielen.

Strategisches Timing für maximale Wirkung

Timing ist ein entscheidender Faktor, um andere effektiv zu beeinflussen. Die Fähigkeit, Ihre Einflussbemühungen strategisch zu planen, kann den Erfolg Ihrer Überzeugungsversuche erheblich beeinflussen. In diesem Kapitel werden wir uns eingehend mit der Kunst des Timings befassen und wie Sie es strategisch nutzen können, um bei Ihren Einflussbemühungen maximale Wirkung zu erzielen.

Die Bedeutung des Timings erkennen: Das Timing spielt eine entscheidende Rolle bei der Überzeugungsarbeit. Die richtige Botschaft zur falschen Zeit kann auf taube Ohren stoßen, während dieselbe Botschaft zur richtigen Zeit äußerst überzeugend sein kann. Das Verständnis der Bedeutung des Timings für die Beeinflussung anderer ist der erste Schritt zur Beherrschung der Kunst des Timings.

Psychologische Faktoren, die das Timing beeinflussen: Mehrere psychologische Faktoren können das Timing Ihrer Einflussbemühungen beeinflussen. Zu diesen Faktoren gehören kognitive Vorurteile, emotionale Einflüsse, soziale Einflüsse, Entscheidungsheuristiken, Motivation und Zielorientierung sowie kognitive Belastung. Wenn Sie sich dieser psychologischen Faktoren bewusst sind und wissen, wie sie die Entscheidungsfindung beeinflussen, können Sie Ihre Einflussbemühungen strategisch planen, um eine maximale Wirkung zu erzielen.

Kontext und Umgebung: Der Kontext und das Umfeld, in dem Sie versuchen, andere zu beeinflussen, können den Zeitpunkt Ihrer Bemühungen stark beeinflussen. Unterschiedliche Situationen, Einstellungen und Umgebungen können sich darauf auswirken, wie empfänglich andere für Ihre überzeugende Botschaft sind. Wenn Sie den Kontext und das Umfeld verstehen, können Sie Ihre Einflussbemühungen zeitlich auf die jeweilige Situation abstimmen und Ihre Erfolgschancen erhöhen.

Entscheidungsstile: Menschen haben unterschiedliche Entscheidungsstile. Wenn Sie diese Stile verstehen, können Sie Ihre Timing-Strategien entsprechend anpassen. Manche Personen sind möglicherweise analytischer und bevorzugen einen rationalen Ansatz, während andere bei ihrer Entscheidungsfindung eher intuitiver oder emotionaler sind. Indem Sie den Entscheidungsstil Ihrer Zielgruppe verstehen, können Sie Ihre Timing-Strategien so anpassen, dass sie zu ihrem bevorzugten Stil passen und so die Wahrscheinlichkeit erhöhen, ihre Entscheidungen zu beeinflussen.

Entscheidungsprozess: Die Entscheidungsfindung ist ein mehrstufiger Prozess, der verschiedene Phasen wie Problemerkennung, Informationssuche, Bewertung von Alternativen und endgültige Entscheidung umfasst. Wenn Sie den Entscheidungsprozess verstehen, können Sie Ihre Einflussbemühungen auf die günstigsten Zeitpunkte dieses Prozesses abstimmen. Beispielsweise kann es effektiver sein, Ihre Einflussbemühungen während der Informationssuche zu planen, wenn Einzelpersonen aktiv nach Informationen suchen, als während der Bewertungsphase, wenn Einzelpersonen bereits einer bestimmten Option gegenüber voreingenommen sind.

Entscheidungsrahmen: Wie eine Entscheidung formuliert wird, kann erheblichen Einfluss darauf haben, wie sie wahrgenommen und bewertet wird. Die Art und Weise, wie Sie Ihre überzeugende Botschaft formulieren, z. B. indem Sie sie als Gewinn oder Verlust darstellen, verschiedene Attribute oder Merkmale einer Option hervorheben oder sie positiv oder negativ formulieren, kann die Entscheidungsfindung beeinflussen. Wenn Sie die

Entscheidungsfindung verstehen, können Sie Ihre Einflussbemühungen so planen, dass Ihre Botschaft so formuliert wird, dass sie mit den Werten, Vorlieben und Motivationen Ihrer Zielgruppe in Einklang steht.

Einwände antizipieren und überwinden: Der richtige Zeitpunkt ist auch wichtig, wenn es darum geht, Einwände oder Bedenken auszuräumen, die bei Ihren Überzeugungsversuchen auftreten können. Wenn Sie potenzielle Einwände antizipieren und zum richtigen Zeitpunkt ansprechen, können Sie verhindern, dass sie zu Hindernissen für Ihre Überzeugungsbemühungen werden. Wenn Sie Ihre Reaktionen auf Einwände strategisch und effektiv planen, können Sie Widerstände überwinden und die Dynamik Ihrer Einflussbemühungen aufrechterhalten.

Flexibilität und Anpassungsfähigkeit: Beim Timing geht es nicht immer um einen festen Zeitplan oder Zeitplan. Es erfordert Flexibilität und Anpassungsfähigkeit, um auf sich ändernde Situationen und Dynamiken reagieren zu können. Wenn Sie in der Lage sind, die Situation zu erkennen, die Aufnahmebereitschaft Ihrer Zielgruppe einzuschätzen und Ihre Timing-Strategien entsprechend anzupassen, können Sie

Ihre Überzeugungswirkung erheblich steigern. Flexibilität und Anpassungsfähigkeit sind wesentliche Eigenschaften, um die Kunst des Timings zu beherrschen und andere zu beeinflussen.

Ethische Überlegungen: Es ist wichtig zu beachten, dass das Timing immer ethisch und mit Respekt gegenüber anderen angegangen werden sollte. Manipulative oder erzwungene Timing-Strategien können nach hinten losgehen und Beziehungen, Vertrauen und langfristigen Einfluss schädigen. Es ist von entscheidender Bedeutung, die ethischen Implikationen zu berücksichtigenÜberlegen Sie Ihre Timing-Strategien und stellen Sie sicher, dass diese mit Ihren Werten und den Grundsätzen ethischer Überzeugung übereinstimmen.

Übung und Reflexion: Die Beherrschung der Kunst des Timings beim Einfluss erfordert Übung und Reflexion. Es ist möglicherweise nicht immer perfekt und Sie können unterwegs auf Herausforderungen stoßen. Es ist wichtig, über Ihre Timing-Strategien nachzudenken, aus Ihren Erfahrungen zu lernen und Ihren Ansatz kontinuierlich zu verfeinern, um Ihre

Überzeugungswirkung im Laufe der Zeit zu verbessern.

Die Kunst, den Einfluss zeitlich zu bestimmen, ist eine entscheidende Fähigkeit, die es zu beherrschen gilt. Dazu gehört es, die Bedeutung des Timings zu erkennen, die psychologischen Faktoren zu verstehen, die das Timing beeinflussen, sich an den Kontext und die Umgebung anzupassen, sich an Entscheidungsstilen und -prozessen auszurichten, die Entscheidungsfindung zu nutzen, auf Einwände zu reagieren, flexibel und anpassungsfähig zu sein und ethische Implikationen zu berücksichtigen. Indem Sie Ihre Einflussbemühungen strategisch planen, können Sie Ihre Erfolgschancen deutlich erhöhen und eine maximale Wirkung bei Ihren Überzeugungsbemühungen erzielen. Denken Sie daran: Beim Timing kommt es nicht nur darauf an, wann Sie Ihre Botschaft übermitteln, sondern auch darauf, wie Sie sie auf eine Art und Weise übermitteln, die bei Ihrer Zielgruppe Anklang findet und sie zum Handeln motiviert.

Widerstand durch Timing antizipieren und bewältigen

Einfluss und Überzeugung erfordern oft den Umgang mit dem Widerstand anderer. Widerstand kann verschiedene Formen annehmen, etwa Einwände, Skepsis, Zweifel oder Zurückhaltung. Wenn Sie als erfahrener Influencer verstehen, wie Sie Widerstände durch Timing antizipieren und bewältigen können, können Sie Ihre Fähigkeit, Einwände zu überwinden und die gewünschten Ergebnisse zu erzielen, erheblich verbessern. In diesem Kapitel werden wir die Strategien und Techniken zur Antizipation und Bewältigung von Widerständen durch effektives Timing eingehend untersuchen.

Widerstand antizipieren: Der erste Schritt bei der Bewältigung von Widerständen besteht darin, ihn zu antizipieren. Dazu ist es erforderlich, die potenziellen Einwände oder Widerstandspunkte zu verstehen, die bei Ihrer Zielgruppe auftreten können. Versetzen Sie sich in ihre Lage und denken Sie über ihre Perspektive nach. Welche Bedenken oder Zweifel könnten sie haben? Was könnte ihren Widerstand auslösen? Indem Sie die möglichen Einwände oder Widerstandspunkte im Vorfeld sorgfältig abwägen, können Sie besser darauf vorbereitet sein, diese proaktiv und strategisch anzugehen.

Zeitpunkt der Antwort: Das Timing ist entscheidend für die effektive Bewältigung von Widerständen. Wichtig ist, auf Einwände oder Widerstände zeitnah, aber nicht zu voreilig, zu reagieren. Wenn Sie zu schnell reagieren, kann dies defensiv oder abweisend wirken und den Widerstand eskalieren lassen. Wenn Sie jedoch mit Ihrer Antwort verzögern, kann dies ein Zeichen für mangelnde Besorgnis oder mangelnde Vorbereitung sein. Daher ist es wichtig, Ihre Reaktion auf Einwände oder Widerstände sorgfältig zu timen und dabei den Kontext, die Art des Einwands und die damit verbundenen Emotionen zu berücksichtigen.

Zuhören und Empathie: Ein weiterer wichtiger Aspekt beim Umgang mit Widerständen durch Timing ist aktives Zuhören und Empathie. Wenn jemand Widerstand äußert, ist es wichtig, aktiv auf seine Bedenken zu hören, seine Gefühle anzuerkennen und sich in seine Sichtweise hineinzuversetzen. Dies zeigt Respekt und Verständnis und kann dazu beitragen, den Widerstand zu entschärfen. Es ist jedoch wichtig sicherzustellen, dass Ihr Einfühlungsvermögen echt ist und nicht als manipulativ empfunden wird. Authentizität und Aufrichtigkeit in Ihrer Antwort können einen großen Beitrag zur effektiven Bewältigung von Widerständen leisten.

Bedenken ansprechen: Nachdem Sie aufmerksam zugehört und sich in die Anliegen der Widerstandspartei hineinversetzt haben, ist es wichtig, direkt und effektiv auf ihre Bedenken einzugehen. Dies kann die Bereitstellung von Beweisen, Fakten oder logischen Begründungen beinhalten, um ihren Einwänden entgegenzuwirken. Es kann auch erforderlich sein, etwaige Missverständnisse oder falsche Vorstellungen zu klären. Indem Sie ihre Bedenken klar und überzeugend ansprechen, können Sie dazu beitragen, ihren Widerstand zu lindern und ein förderlicheres Umfeld für die Überzeugung zu schaffen.

Flexibilität und Anpassungsfähigkeit: Der Widerstand bei der Überzeugungsarbeit ist oft nicht statisch und kann sich im Laufe der Zeit weiterentwickeln oder verändern. Daher ist es wichtig, bei der Bewältigung von Widerständen flexibel und anpassungsfähig vorzugehen. Dies kann eine Neubewertung Ihrer Timing-Strategien, eine Neubewertung der Einwände und eine entsprechende Änderung Ihres Ansatzes beinhalten. Wenn Sie offen für Feedback sind, Ihre

Botschaften anpassen und Ihre Taktiken anpassen, können Sie Ihre Fähigkeit, mit Widerständen effektiv umzugehen, erheblich verbessern.

Emotionale Intelligenz: Emotionale Intelligenz ist ein weiterer entscheidender Faktor bei der Bewältigung von Widerständen durch Timing. Dabei geht es darum, die Emotionen anderer zu erkennen und zu verstehen sowie im Überzeugungsprozess mit den eigenen Emotionen umzugehen. Emotionale Intelligenz kann Ihnen dabei helfen, Widerstände zu überwinden, indem sie Emotionen wie Frustration, Wut oder Abwehrhaltung effektiv verwaltet und ruhig, gelassen und einfühlsam reagiert. Emotionale Intelligenz kann Ihnen auch dabei helfen, eine Beziehung und Vertrauen zur Widerstandspartei aufzubauen, was sich positiv auf deren Empfänglichkeit für Ihre Überzeugungsbemühungen auswirken kann.

Ethische Überlegungen: Schließlich ist es von entscheidender Bedeutung, ethische Implikationen bei der zeitlichen Bewältigung von Widerständen zu berücksichtigen. Vermeiden Sie den Einsatz unethischer Taktiken wie Manipulation, Zwang oder Täuschung, um Widerstand zu überwinden. Solche Taktiken können kurzfristige Vorteile bringen, können aber auf lange Sicht Beziehungen, Vertrauen und Glaubwürdigkeit schädigen. Bemühen Sie sich stets um Integrität, Transparenz und Respekt bei Ihren Überzeugungsbemühungen, auch wenn Sie auf Widerstand stoßenDas kann Ihre Fähigkeit, andere zu beeinflussen und zu überzeugen, erheblich verbessern. Indem Sie potenzielle Einwände vorhersehen, Ihre Antworten angemessen planen, aktiv zuhören und sich einfühlen, Bedenken direkt ansprechen, flexibel und anpassungsfähig sein, emotionale Intelligenz nutzen und ethische Überlegungen berücksichtigen, können Sie Widerstände effektiv bewältigen und Ihre Erfolgschancen bei Ihren Überzeugungsbemühungen erhöhen.

Es ist wichtig, sich daran zu erinnern, dass es beim Umgang mit Widerstand nicht darum geht, die Widerstandspartei zu überwältigen oder zum Schweigen zu bringen, sondern vielmehr darum, ihre Perspektive zu verstehen, ihre Bedenken anzusprechen und eine gemeinsame Basis zu finden. Es erfordert Geduld, Empathie und strategisches Timing, um Widerstände zu überwinden und eine Beziehung zu anderen aufzubauen.

Bedenken Sie außerdem, dass der Widerstand möglicherweise nicht immer negativ ist. Es kann auch eine Chance für Wachstum und Verbesserung sein. Es kann wertvolles Feedback geben, Ihre Annahmen hinterfragen und Ihnen dabei helfen, Ihre Botschaft oder Ihren Ansatz zu verfeinern. Nutzen Sie Widerstand als Chance zum Lernen, Anpassen und Verbessern Ihrer Überzeugungskraft.

Hier sind einige praktische Strategien zur Bewältigung von Widerständen durch Timing:

Innehalten und nachdenken: Wenn Sie auf Widerstand stoßen, nehmen Sie sich einen Moment Zeit zum Innehalten und Nachdenken. Vermeiden Sie es, impulsiv oder defensiv zu reagieren. Atmen Sie stattdessen tief durch, sammeln Sie Ihre Gedanken und überlegen Sie, wie Sie den Widerstand am besten bekämpfen können.

Einfühlen und bestätigen: Zeigen Sie Empathie gegenüber den Bedenken oder Einwänden der Widerstandspartei. Bestätigen Sie ihre Perspektive und Gefühle und erkennen Sie ihr Recht an, eine andere Meinung zu vertreten. Dies kann dazu beitragen, Vertrauen aufzubauen und ein empfänglicheres Umfeld für Überzeugungsarbeit zu schaffen.

Zeit für Ihre Antwort: Wie bereits erwähnt, ist das Timing entscheidend für die Bewältigung von Widerständen. Vermeiden Sie es, sofort zu antworten, da dies möglicherweise abweisend wirkt. Zögern Sie jedoch nicht zu lange, da dies ein Anzeichen für mangelnde Besorgnis sein könnte. Finden Sie die richtige Balance und den richtigen Zeitpunkt für Ihre Reaktion, basierend auf der Situation und den damit verbundenen Emotionen.

Nutzen Sie Beweise und Logik: Wenn Sie auf Bedenken oder Einwände eingehen, stützen Sie Ihre Position auf Beweise, Fakten und logische Argumente. Vermeiden Sie emotionale Appelle oder leere Rhetorik. Die Bereitstellung solider Beweise und logischer Argumente kann dazu beitragen, Widerständen entgegenzuwirken und Glaubwürdigkeit aufzubauen.

Seien Sie flexibel und anpassungsfähig: Seien Sie bereit, Ihren Ansatz entsprechend der sich entwickelnden Natur des Widerstands anzupassen. Wenn eine Strategie nicht funktioniert, versuchen Sie es mit einem anderen Ansatz. Seien Sie offen für Feedback und bereit, Ihre Botschaften oder Taktiken anzupassen, um Widerstand effektiv zu bewältigen.

Emotionen verwalten: Emotionen spielen beim Widerstand eine wesentliche Rolle. Achten Sie auf Ihre eigenen Emotionen und Reaktionen sowie auf die Emotionen der Widerstandspartei. Vermeiden Sie es, defensiv, wütend oder konfrontativ zu werden. Bleiben Sie stattdessen ruhig, gelassen und einfühlsam in Ihren Antworten.

Integrität und Ethik wahren: Halten Sie sich bei Ihren Überzeugungsbemühungen stets an ethische Standards. Vermeiden Sie manipulative oder betrügerische Taktiken, um Widerstände zu überwinden. Behalten Sie Transparenz, Ehrlichkeit und Respekt im Umgang mit anderen bei.

Effektives Timing beim Umgang mit Widerstand ist eine entscheidende Fähigkeit in der Kunst der Einflussnahme ohne Autorität. Indem Sie Widerstände vorhersehen, Ihre Reaktionen angemessen planen, aktiv zuhören und sich einfühlen, Bedenken direkt ansprechen, flexibel und anpassungsfähig sein, emotionale Intelligenz nutzen und ethische Überlegungen berücksichtigen, können Sie Widerstände effektiv bewältigen und Ihre Erfolgschancen bei Ihren Überzeugungsbemühungen erhöhen. Denken Sie daran, dass es bei der Bewältigung von

Widerständen nicht darum geht, andere zu überwältigen, sondern darum, ihre Perspektive zu verstehen, auf ihre Bedenken einzugehen und eine gemeinsame Basis zu finden. Mit Übung und Geschick können Sie auch ohne formelle Autorität ein Meister-Influencer werden.

Kapitel 8: Die Kunst der Beharrlichkeit

Beharrlichkeit als entscheidende Eigenschaft für stillen Einfluss annehmen

In der Welt des Einflusses und der Überzeugung ist Beharrlichkeit eine entscheidende Eigenschaft, die sich stark auf Ihren Erfolg auswirken kann. Ganz gleich, ob Sie ohne formelle Autorität Einfluss nehmen, herausfordernde Situationen meistern oder Widerstände überwinden möchten, Beharrlichkeit kann der Schlüssel zum Erreichen der gewünschten Ergebnisse sein. In diesem Kapitel werden wir uns mit der Kunst der Beharrlichkeit befassen und untersuchen, wie sie ein wirksames Werkzeug zur stillen Beeinflussung sein kann. Wir besprechen die Denkweise, Strategien und Fähigkeiten, die mit Beharrlichkeit verbunden sind, und wie es Ihnen helfen kann, Ihre Ziele zu erreichen und einen sinnvollen Einfluss auf Ihre Interaktionen mit anderen zu haben.

Persistenz verstehen:

Beharrlichkeit ist die Eigenschaft, ein Ziel trotz Herausforderungen, Rückschlägen oder Hindernissen weiter zu verfolgen. Dabei handelt es sich um die Fähigkeit, über einen längeren Zeitraum eine konzentrierte und entschlossene Anstrengung aufrechtzuerhalten, selbst wenn man auf Schwierigkeiten oder Widerstände stößt. Im Zusammenhang mit Einfluss geht es bei Beharrlichkeit darum, die gewünschten Ergebnisse konsequent und beharrlich zu verfolgen und dabei eine positive Einstellung und ein professionelles Auftreten zu bewahren.

Bei Beharrlichkeit geht es nicht darum, stur oder energisch zu sein, sondern darum, belastbar, anpassungsfähig und unerschütterlich bei der Verfolgung Ihrer Ziele zu sein. Es erfordert eine Kombination aus mentaler Stärke, Ausdauer und strategischem Denken. Es geht darum, kalkulierte Risiken einzugehen, aus Fehlern zu lernen und Ihren Ansatz kontinuierlich zu verfeinern.

Beharrlichkeit als entscheidende Eigenschaft für stillen Einfluss zu betrachten, kann mehrere Vorteile haben, darunter:

Hindernisse überwinden: Bei der Beeinflussung anderer stoßen Sie wahrscheinlich auf Hindernisse oder Herausforderungen. Beharrlichkeit hilft Ihnen, konzentriert und Ihrem Ziel treu zu bleiben, auch wenn Sie mit Rückschlägen oder Schwierigkeiten konfrontiert werden. Es ermöglicht Ihnen, kreative Lösungen zu finden, Ihren Ansatz anzupassen und auch angesichts von Widrigkeiten weiterzumachen.

Glaubwürdigkeit und Vertrauen aufbauen: Beharrlichkeit zeigt Ihr Engagement, Ihre Entschlossenheit und Ihre Professionalität. Es zeigt, dass Sie es mit Ihren Zielen ernst meinen und bereit sind, Anstrengungen zu unternehmen, um diese zu erreichen. Dies kann Glaubwürdigkeit und Vertrauen bei anderen aufbauen, da sie Sie als zuverlässig, engagiert und vertrauenswürdig ansehen.

Möglichkeiten schaffen: Beharrlichkeit kann Chancen eröffnen, die zunächst vielleicht nicht erkennbar waren. Indem Sie Ihre Ziele konsequent und proaktiv verfolgen, können Sie neue Möglichkeiten entdecken, neue Verbindungen knüpfen und Türen öffnen, die zu größerem Einfluss und größerer Wirkung führen können.

Respekt gewinnen: Beharrlichkeit kann Ihnen den Respekt anderer einbringen. Wenn sie Ihre unerschütterliche Entschlossenheit und Ihr Engagement für Ihre Ziele sehen, ist es wahrscheinlicher, dass sie Sie als glaubwürdig und einflussreich betrachten. Dies kann Ihren Ruf verbessern und Ihren Einfluss im Laufe der Zeit erhöhen.

Strategien zum Üben von Beharrlichkeit:

Um Beharrlichkeit effektiv als entscheidende Eigenschaft für stillen Einfluss zu nutzen, sollten Sie die folgenden Strategien in Betracht ziehen:

Setzen Sie sich klare und sinnvolle Ziele: Beginnen Sie damit, klare, spezifische und sinnvolle Ziele zu setzen, die mit Ihren Werten und Zielen übereinstimmen. Ein klares Gespür für die Richtung und das Ziel kann Ihnen die Motivation und den Antrieb geben, Ihre Ziele beharrlich zu verfolgen, auch wenn Sie vor Herausforderungen stehen.

Entwickeln Sie eine Wachstumsmentalität: Kultivieren Sie eine Wachstumsmentalität, also den Glauben, dass Ihre Fähigkeiten und Ihre Intelligenz durch Anstrengung, Lernen und Erfahrung entwickelt werden können. Begreifen Sie Misserfolge als Lerngelegenheiten und seien Sie bereit, Ihren Ansatz kontinuierlich zu verbessern und anzupassen.

Bleiben Sie konzentriert und engagiert: Bleiben Sie konzentriert und Ihren Zielen verpflichtet, auch wenn Sie Ablenkungen oder Rückschläge erleben. Vermeiden Sie es, sich schnell entmutigen zu lassen oder vorzeitig aufzugeben. Erinnern Sie sich an die Gründe, warum Ihre Ziele wichtig sind, und bleiben Sie motiviert, sie zu verfolgen.

Seien Sie anpassungsfähig und flexibel: Seien Sie bereit, Ihren Ansatz bei Bedarf anzupassen und anzupassen. Beharrlichkeit bedeutet nicht, unabhängig von den Umständen an einem starren Plan festzuhalten. Es bedeutet, flexibel, offen für Feedback und bereit zu sein, Strategien bei Bedarf zu ändern oder zu ändern.

Aus Fehlern lernen: Scheitern ist ein natürlicher Teil jeder Reise, und Beharrlichkeit bedeutet, aus Fehlern zu lernen und sie als Wachstumschancen zu nutzen.

Bleiben Sie positiv und optimistisch: Die Beibehaltung einer positiven Einstellung und einer optimistischen Einstellung kann sich stark auf Ihre Fähigkeit auswirken, angesichts von Herausforderungen durchzuhalten. Kultivieren Sie eine positive Einstellung, konzentrieren Sie sich auf Lösungen statt auf Probleme und glauben Sie an Ihre Fähigkeit, Hindernisse zu überwinden.

Bauen Sie ein Support-Netzwerk auf: Umgeben Sie sich mit einem unterstützenden Netzwerk von Menschen, die Sie in herausfordernden Zeiten ermutigen und motivieren können. Holen Sie Rat, Feedback und Anleitung von Mentoren, Kollegen oder vertrauenswürdigen Verbündeten ein, die Ihnen Perspektive und Unterstützung bieten können.

Seien Sie geduldig und belastbar: Beharrlichkeit erfordert Geduld und Belastbarkeit. Seien Sie sich darüber im Klaren, dass das Erreichen Ihrer Ziele Zeit, Mühe und mehrere Versuche erfordern kann. Seien Sie auf Rückschläge, Enttäuschungen oder Verzögerungen vorbereitet und bewahren Sie Ihre Widerstandsfähigkeit gegenüber Widrigkeiten.

Bewahren Sie Professionalität und Integrität: Beharrlichkeit sollte immer mit Professionalität und Integrität einhergehen. Seien Sie bei Ihrem Streben nach Einfluss nicht aufdringlich, aggressiv oder unethisch. Behalten Sie ein hohes Maß an Professionalität bei, behandeln Sie andere mit Respekt und wahren Sie während des gesamten Prozesses Ihre Integrität.

Feiern Sie Fortschritte und Meilensteine: Erkennen und feiern Sie die Fortschritte, die Sie auf dem Weg zu Ihren Zielen machen, egal wie klein sie sind. Erkennen Sie Ihre Erfolge an und nutzen Sie sie als Motivation, Ihre beharrlichen Bemühungen fortzusetzen.

Beharrlichkeit als entscheidende Eigenschaft für stillen Einfluss zu betrachten, kann Ihre Fähigkeit, Ihre Ziele zu erreichen und eine sinnvolle Wirkung zu erzielen, erheblich verbessern. Indem Sie sich klare Ziele setzen, eine Wachstumsmentalität pflegen, konzentriert und engagiert bleiben, anpassungsfähig und belastbar sind und sich Professionalität und Integrität bewahren, können Sie in Ihrem Streben nach Einfluss ohne formelle Autorität effektiv Beharrlichkeit üben. Denken Sie daran, dass es bei Beharrlichkeit nicht darum geht, stur oder energisch zu sein, sondern vielmehr darum, belastbar, anpassungsfähig und unerschütterlich bei der Verfolgung Ihrer Ziele zu sein. Mit Geduld, Belastbarkeit und einer positiven Einstellung kann Beharrlichkeit ein wirksames Werkzeug in Ihrem Arsenal sein, um erfolgreich Einfluss zu nehmen und zu überzeugen.

Strategien zur Bewältigung von Rückschlägen und Hindernissen

Rückschläge und Hindernisse sind auf jedem Weg zur Beeinflussung von Ergebnissen unvermeidlich, selbst wenn die Kunst der stillen Einflussnahme ohne formelle Autorität ausgeübt wird. Allerdings kann die Art und Weise, wie Sie mit diesen Rückschlägen und Hindernissen umgehen, große Auswirkungen auf Ihre Fähigkeit haben, durchzuhalten und letztendlich Ihre Ziele zu erreichen. In diesem Kapitel werden wir ausführliche und detaillierte Strategien zur effektiven Bewältigung von Rückschlägen und Hindernissen untersuchen, die es Ihnen ermöglichen, Ihre Widerstandsfähigkeit und Ausdauer angesichts von Herausforderungen zu bewahren.

Definieren Sie Rückschläge als Lernchancen: Betrachten Sie Rückschläge nicht als Misserfolge oder Hindernisse, sondern betrachten Sie sie als wertvolle Lernmöglichkeiten. Ändern Sie Ihre Denkweise von einer starren Denkweise, die Rückschläge als dauerhaft ansieht, hin zu einer Wachstumsmentalität, die Rückschläge als vorübergehende Herausforderungen betrachtet, die überwunden werden können. Denken Sie darüber nach, was Sie aus dem Rückschlag lernen können, wie Sie sich verbessern können und wie Sie Ihren Ansatz für die Zukunft anpassen können.

Konzentrieren Sie sich auf Ihre Ziele: Rückschläge und Hindernisse können Sie manchmal von Ihren Zielen ablenken und Ihre Motivation untergraben. Es ist wichtig, dass Sie sich auf Ihre Ziele konzentrieren und sich das Gesamtbild vor Augen führen. Behalten Sie Ihre Vision und Ziele im Auge und nutzen Sie sie als Kompass für Ihr Handeln und Ihre Entscheidungen. Dies kann Ihnen helfen, auch bei Rückschlägen motiviert und beharrlich zu bleiben.

Entwickeln Sie alternative Strategien: Bei Hindernissen oder Rückschlägen ist es wichtig, anpassungsfähig und flexibel vorzugehen. Anstatt starr und starr in Ihren Methoden zu bleiben, sollten Sie alternative Strategien zur Bewältigung der Herausforderungen entwickeln. Denken Sie kreativ und erkunden Sie verschiedene Optionen, um neue Wege zum Erreichen Ihrer Ziele zu finden. Seien Sie bereit, Ihren Ansatz zu ändern und bei Bedarf neue Ansätze auszuprobieren.

Bitten Sie um Feedback und Unterstützung: Haben Sie keine Angst davor, Feedback von anderen einzuholen und um Unterstützung zu bitten, wenn Sie mit Rückschlägen oder Hindernissen konfrontiert werden. Andere liefern möglicherweise wertvolle Erkenntnisse, Perspektiven oder Lösungen, die Sie möglicherweise nicht in Betracht gezogen haben. Umgeben Sie sich mit einem unterstützenden Netzwerk von Personen, die Ihnen Ermutigung, Rat und Unterstützung bieten können. Denken Sie daran, dass Sie Herausforderungen nicht alleine meistern müssen und dass die Suche nach Hilfe Ihnen oft die nötigen Ressourcen und Motivation verschaffen kann, um Hindernisse zu überwinden.

Üben Sie Selbstfürsorge: Der Umgang mit Rückschlägen und Hindernissen kann eine emotionale und mentale Herausforderung sein. In diesen Zeiten ist es wichtig, auf sich selbst aufzupassen. Üben Sie Selbstfürsorge, indem Sie sich an Aktivitäten beteiligen, die Ihnen helfen, sich zu entspannen, zu regenerieren und eine gesunde Denkweise zu bewahren. Dazu kann es gehören, Sport zu treiben, zu meditieren, Zeit mit geliebten Menschen zu verbringen oder Hobbys oder Interessen nachzugehen, die Ihnen Freude bereiten. Wenn Sie sich um Ihr körperliches und geistiges Wohlbefinden kümmern, können Sie die Belastbarkeit und geistige Stärke bewahren, die Sie benötigen, um Herausforderungen zu meistern.

Gestalten Sie Herausforderungen als Chancen neu: Betrachten Sie Rückschläge oder Hindernisse nicht als unüberwindbare Hürden, sondern betrachten Sie sie als Chancen für Wachstum und Entwicklung. Betrachten Sie Herausforderungen als Chance, Resilienz aufzubauen, neue Fähigkeiten zu erwerben und wertvolle Lektionen zu lernen, die Ihre Fähigkeit stärken können, zukünftige Ergebnisse zu beeinflussen. Indem Sie Herausforderungen in ein positives Licht rücken, können Sie sie von Stolpersteinen in Trittsteine auf dem Weg zu Ihren Zielen verwandeln.

Behalten Sie eine langfristige Perspektive: Rückschläge und Hindernisse können manchmal überwältigend und entmutigend sein, aber es ist wichtig, eine langfristige Perspektive zu behalten. Denken Sie daran, dass Rückschläge oft vorübergehender Natur sind und mit Ausdauer und Entschlossenheit überwunden werden können. Konzentrieren Sie sich weiterhin auf das Gesamtbild und die langfristige Vision Ihrer Ziele. Visualisieren Sie das Endergebnis und erinnern Sie sich an die Gründe, warum Sie Ihre Ziele verfolgen. Dies kann Ihnen die Motivation und Belastbarkeit verleihen, Herausforderungen zu meistern.

Aus Fehlern lernen: Scheitern ist ein natürlicher Teil jeder Reise zum Erfolg. Bei Rückschlägen oder Hindernissen ist es wichtig, Misserfolge als Chance zum Lernen und Wachsen zu betrachten. Denken Sie darüber nach, was schief gelaufen ist, was hätte anders gemacht werden können und was Sie in Zukunft besser machen können. Nutzen Sie Misserfolge eher als Sprungbrett für Verbesserung und Wachstumzulassen, dass es Sie entmutigt oder demoralisiert. Nehmen Sie eine Wachstumsmentalität an, die Misserfolge als wertvollen Feedback-Mechanismus und Katalysator für Verbesserungen betrachtet.

Teilen Sie Herausforderungen in kleinere, überschaubare Schritte auf: Die Überwindung von Rückschlägen oder Hindernissen kann im

Großen und Ganzen entmutigend wirken. Teilen Sie Herausforderungen in kleinere, überschaubare Schritte auf, die leichter zu bewältigen sind. Dieser Ansatz ermöglicht es Ihnen, schrittweise Fortschritte zu erzielen und Impulse für die Bewältigung der Herausforderung zu setzen. Feiern Sie unterwegs kleine Siege und nutzen Sie sie als Motivation, weiter voranzuschreiten.

Bleiben Sie positiv und bewahren Sie eine belastbare Haltung: Bei Rückschlägen oder Hindernissen ist es von entscheidender Bedeutung, eine positive und belastbare Einstellung zu bewahren. Bleiben Sie optimistisch und glauben Sie an Ihre Fähigkeit, Herausforderungen zu meistern. Vermeiden Sie es, bei negativen Emotionen zu verweilen oder Selbstzweifeln zu erliegen. Konzentrieren Sie sich stattdessen auf Lösungen und Chancen und bewahren Sie eine positive Einstellung. Umgeben Sie sich mit Positivität und Inspiration, sei es durch unterstützende Beziehungen, motivierende Ressourcen oder ein aufbauendes Umfeld.

Lernen Sie von anderen, die ähnliche Herausforderungen gemeistert haben: Lassen Sie sich von anderen inspirieren, die ähnliche Rückschläge oder Hindernisse erlebt und diese erfolgreich überwunden haben. Lernen Sie aus ihren Erfahrungen, Strategien und Denkweisen und wenden Sie diese Lektionen auf Ihre eigene Situation an. Suchen Sie Mentoren oder Rat bei Personen, die über Fachwissen auf dem Gebiet Ihrer Herausforderung verfügen, und nutzen Sie deren Erkenntnisse und Ratschläge, um Ihnen bei der Bewältigung der Hindernisse zu helfen.

Seien Sie beharrlich und belastbar: Seien Sie vor allem beharrlich und belastbar bei der Verfolgung Ihrer Ziele. Rückschläge und Hindernisse sind unvermeidlich, aber mit unerschütterlicher Entschlossenheit und Belastbarkeit können Sie sie überwinden. Seien Sie beharrlich und geben Sie nicht auf, auch wenn Sie vor Herausforderungen stehen. Treiben Sie weiter voran, passen Sie Ihren Ansatz nach Bedarf an und bleiben Sie Ihren Zielen treu.

MAlter Mann Rückschläge und Hindernisse zu überwinden ist eine wesentliche Fähigkeit in der Kunst der Beharrlichkeit, die entscheidend ist, um ohne formelle Autorität stillen Einfluss zu erlangen. Indem Sie Rückschläge als Lerngelegenheiten umdeuten, sich auf Ihre Ziele konzentrieren, alternative Strategien entwickeln, Feedback und Unterstützung einholen, Selbstfürsorge üben,

Herausforderungen als Chancen umdeuten, eine langfristige Perspektive bewahren, aus Misserfolgen lernen, Herausforderungen in kleinere Schritte aufteilen, bleiben Wenn Sie eine positive und belastbare Einstellung bewahren, von anderen lernen und beharrlich und belastbar sind, können Sie Rückschläge und Hindernisse effektiv bewältigen und Ihren Zielen weiter näher kommen.

Denken Sie daran, dass Rückschläge keine dauerhaften Hindernisse sind, sondern eher vorübergehende Herausforderungen, die mit der richtigen Einstellung, den richtigen Strategien und der richtigen Beharrlichkeit überwunden werden können. Indem Sie die Kunst des Umgangs mit Rückschlägen und Hindernissen beherrschen, können Sie Ihre Widerstandsfähigkeit stärken, Ihren Einfluss stärken und die gewünschten Ergebnisse erzielen, selbst im Angesicht von Widrigkeiten.

Kontinuität und Widerstandsfähigkeit angesichts von Herausforderungen bewahren

Beharrlichkeit ist eine Schlüsseleigenschaft in der Kunst, ohne formelle Autorität Einfluss zu nehmen. Es geht darum, angesichts von Herausforderungen, Rückschlägen und Hindernissen Beständigkeit und Widerstandsfähigkeit zu bewahren. Die Fähigkeit, trotz Schwierigkeiten durchzuhalten, ist entscheidend, um langfristige Ziele zu erreichen, durch Unsicherheiten zu navigieren und Hindernisse zu überwinden. In diesem Kapitel werden wir uns eingehend mit den Strategien und der Denkweise befassen, die erforderlich sind, um angesichts von Herausforderungen Beständigkeit und Widerstandsfähigkeit aufrechtzuerhalten, und wie sie zur Kunst des Einflusses ohne formelle Autorität beitragen.

Klären Sie Ihre Ziele und behalten Sie den Fokus: Um Beständigkeit und Belastbarkeit aufrechtzuerhalten, ist es wichtig, dass Sie Ihre Ziele klar verstehen und sich darauf konzentrieren. Definieren Sie klar, was Sie erreichen möchten und warum es Ihnen wichtig ist. Schreiben Sie Ihre Ziele auf und überprüfen Sie sie regelmäßig, um sich an das Gesamtbild zu erinnern. Erinnern Sie sich bei Herausforderungen oder Rückschlägen an Ihre Ziele und nutzen Sie diese als Kompass für Ihr Handeln. Vermeiden Sie Ablenkungen und konzentrieren Sie sich auf die Aufgaben und

Aktionen, die Ihren Zielen entsprechen, auch wenn Sie der Versuchung ausgesetzt sind, von Ihrem Weg abzuweichen.

Entwickeln Sie alternative Strategien: Beharrlichkeit erfordert Anpassungsfähigkeit und Flexibilität. Seien Sie bereit, Ihre Strategien und Ansätze anzupassen, wenn Sie mit Herausforderungen konfrontiert werden. Wenn ein Ansatz nicht funktioniert, seien Sie offen für alternative Wege. Seien Sie proaktiv bei der Suche nach Lösungen und beim Brainstorming kreativer Wege zur Überwindung von Hindernissen. Nehmen Sie eine Wachstumsmentalität an, die Herausforderungen als Chancen für Innovation und Verbesserung sieht. Entwickeln Sie Backup-Pläne und seien Sie bereit, bei Bedarf zu wechseln, während Sie das Endziel im Auge behalten.

Bitten Sie um Feedback und Unterstützung: Das Feedback anderer kann wertvolle Erkenntnisse und Perspektiven liefern, die Ihnen bei der Bewältigung von Herausforderungen helfen können. Holen Sie Feedback von Mentoren, Kollegen oder vertrauenswürdigen Personen ein, die objektive Beiträge zu Ihrer Situation liefern können. Seien Sie offen für konstruktive Kritik und Feedback und nutzen Sie diese als Lernmöglichkeit, um Ihren Ansatz zu verbessern. Umgeben Sie sich mit einem unterstützenden Netzwerk von Personen, die Ihnen in schwierigen Zeiten Ermutigung, Motivation und Rat geben können. Der Aufbau eines starken Unterstützungssystems kann Ihnen die Widerstandsfähigkeit und Motivation verleihen, die Sie benötigen, um angesichts von Schwierigkeiten durchzuhalten.

Üben Sie Selbstfürsorge: Um Beständigkeit und Belastbarkeit aufrechtzuerhalten, müssen Sie körperlich, geistig und emotional auf sich selbst achten. Achten Sie auf Ihr Wohlbefinden und üben Sie Selbstfürsorge. Stellen Sie sicher, dass Sie sich ausreichend ausruhen, nahrhafte Mahlzeiten zu sich nehmen und regelmäßig Sport treiben. Bewältigen Sie Stress durch Entspannungstechniken wie Meditation oder Achtsamkeit und nehmen Sie an Aktivitäten teil, die Ihnen Freude und Erfüllung bringen. Wenn Sie auf sich selbst achten, erhalten Sie die Energie, Klarheit und emotionale Stärke, um Herausforderungen zu meistern.

Gestalten Sie Herausforderungen als Chancen neu: Betrachten Sie Herausforderungen nicht als Hindernisse, sondern betrachten Sie sie als Chancen für Wachstum und Lernen.

Herausforderungen bieten die Möglichkeit, neue Fähigkeiten zu entwickeln, Resilienz aufzubauen und wertvolle Erfahrungen zu sammeln. Nehmen Sie eine positive Einstellung an, die Herausforderungen als Chance für die persönliche und berufliche Weiterentwicklung sieht. Verlagern Sie Ihre Perspektive von der Konzentration auf die Schwierigkeiten hin zu den potenziellen Vorteilen und Chancen, die sich aus der Bewältigung von Herausforderungen ergeben können.

Behalten Sie eine langfristige Perspektive: Beharrlichkeit bedeutet, eine langfristige Perspektive beizubehalten und zu verstehen, dass Rückschläge oder Hindernisse vorübergehender Natur sind und nicht die gesamte Reise bestimmen. Behalten Sie das Gesamtbild im Auge und erinnern Sie sich an Ihre langfristige Vision. Denken Sie daran, dass der Erfolg nicht immer linear verläuft und dass es auf dem Weg dorthin Höhen und Tiefen geben kann. Seien Sie geduldig und bewahren Sie eine belastbare Haltung, denn Sie wissen, dass Herausforderungen Teil des Prozesses sind und mit Beharrlichkeit gemeistert werden können.

Aus Fehlern lernen: Scheitern ist ein natürlicher Teil jeder Reise und es ist wichtig, es als Lernchance zu nutzen. Denken Sie bei

Rückschlägen darüber nach, was schief gelaufen ist, was verbessert werden kann und was aus der Erfahrung gelernt werden kann. Misserfolge können wertvolle Erkenntnisse liefern, die Ihr zukünftiges Handeln beeinflussen und Ihnen helfen können, bessere Entscheidungen zu treffen. Nutzen Sie Misserfolge als Sprungbrett für Wachstum undVerbesserung und kein Grund, aufzugeben oder die Motivation zu verlieren.

Bleiben Sie Ihren Werten treu: Ihre Werte dienen als Kompass, der Ihr Handeln und Ihre Entscheidungen leitet. Wenn Sie sich Herausforderungen stellen, ist es wichtig, Ihren Werten und Prinzipien treu zu bleiben. Die Wahrung Ihrer Werte kann Ihnen ein Gefühl von Zielstrebigkeit, Integrität und Motivation zum Durchhalten vermitteln, selbst wenn Sie mit Schwierigkeiten konfrontiert werden. Denken Sie über Ihre Grundwerte und deren Übereinstimmung mit Ihren Zielen nach und lassen Sie sich während Ihrer gesamten Reise von ihnen bei Ihren Handlungen und Entscheidungen leiten.

Resilienz und mentale Stärke entwickeln: Resilienz ist die Fähigkeit, sich von Rückschlägen zu erholen und trotz Herausforderungen eine positive Einstellung zu bewahren. Kultivieren Sie

Ihre Belastbarkeit, indem Sie mentale Stärke entwickeln. Dazu gehört die Bewältigung von Stress, die Kontrolle negativer Emotionen und die Aufrechterhaltung einer positiven Einstellung. Stärken Sie Ihre Widerstandsfähigkeit, indem Sie Selbstreflexion, Selbstregulierung und Selbstmotivation üben. Entwickeln Sie Bewältigungsmechanismen wie Fähigkeiten zur Problemlösung, positive Selbstgespräche und Optimismus, die Ihnen helfen, Herausforderungen belastbar und beharrlich zu meistern.

Behalten Sie eine positive Einstellung: Eine positive Einstellung ist ein wirksames Instrument zur Aufrechterhaltung von Beständigkeit und Belastbarkeit. Kultivieren Sie eine positive Einstellung, indem Sie sich auf Möglichkeiten, Lösungen und Chancen konzentrieren, anstatt sich mit Einschränkungen, Hindernissen oder Misserfolgen herumzuschlagen. Umgeben Sie sich mit positiven Einflüssen wie unterstützenden Personen oder inspirierenden Geschichten, um Ihre Motivation und Einstellung zu steigern. Üben Sie Dankbarkeit, feiern Sie kleine Erfolge und behalten Sie auch angesichts von Herausforderungen eine positive Einstellung.

Die Kunst der Beharrlichkeit ist eine entscheidende Eigenschaft für erfolgreichen Einfluss ohne formelle Autorität. Es erfordert die Aufrechterhaltung von Beständigkeit und Widerstandsfähigkeit angesichts von Herausforderungen, Rückschlägen und Hindernissen. Indem Sie Ihre Ziele klären, alternative Strategien entwickeln, Feedback und Unterstützung einholen, Selbstfürsorge üben, Herausforderungen als Chancen umdeuten, eine langfristige Perspektive beibehalten, aus Misserfolgen lernen, Ihren Werten treu bleiben, Belastbarkeit und mentale Stärke entwickeln und ein Wenn Sie eine positive Einstellung haben, können Sie Ihre Fähigkeit verbessern, durchzuhalten und die gewünschten Ergebnisse in Ihrem Bestreben, andere effektiv zu beeinflussen, zu erreichen. Machen Sie sich die Kunst der Beharrlichkeit zu eigen und sie wird Sie in die Lage versetzen, Herausforderungen zu meistern, Ihre Ziele zu erreichen und einen positiven Einfluss auf Ihren Einflussbereich zu nehmen.

Durchsetzungsvermögen und Geduld bei der Beeinflussung anderer in Einklang bringen

Beeinflussung ist ein subtiler und komplexer Prozess, der ein empfindliches Gleichgewicht zwischen Durchsetzungsvermögen und Geduld erfordert. Während Durchsetzungsvermögen es Ihnen ermöglicht, Ihre Ideen zu kommunizieren, Ihre Meinung zu äußern und für Ihre Sichtweise einzutreten, hilft Ihnen Geduld dabei, sich mit unterschiedlichen Persönlichkeiten, Sichtweisen und Zeitplänen zurechtzufinden, um Beziehungen aufzubauen, Vertrauen zu gewinnen und die gewünschten Ergebnisse zu erzielen. Um die Kunst der Beharrlichkeit zu meistern, muss man die richtige Balance zwischen Durchsetzungsvermögen und Geduld finden, um andere effektiv zu beeinflussen. In diesem Kapitel werden wir Strategien untersuchen, um dieses Gleichgewicht zu erreichen und Durchsetzungsvermögen und Geduld bei Ihren Einflussbemühungen einzusetzen.

Verstehen Sie den Kontext: Der erste Schritt, um Durchsetzungsvermögen und Geduld in Einklang zu bringen, besteht darin, den Kontext zu verstehen, in dem Sie versuchen, andere zu beeinflussen. Berücksichtigen Sie die Personen oder Gruppen, die Sie beeinflussen möchten, ihre Kommunikationsstile, Persönlichkeiten, Motivationen und die spezifische Situation oder Umgebung, in der Sie tätig sind. Erkennen Sie, dass verschiedene Menschen unterschiedliche Bedürfnisse, Vorlieben und Kommunikationsstile haben können, und passen Sie Ihren Ansatz entsprechend an. Berücksichtigen Sie den Zeitpunkt, die Dringlichkeit und die Bedeutung der Situation sowie die Machtdynamik und kulturellen Faktoren, die sich auf Ihre Einflussbemühungen auswirken können.

Seien Sie durchsetzungsfähig, nicht aggressiv: Durchsetzungsvermögen ist die Fähigkeit, Ihre Ideen, Meinungen und Bedürfnisse direkt und selbstbewusst auszudrücken und dabei die Rechte und Perspektiven anderer zu respektieren. Es geht darum, in Ihrer Kommunikation klar, selbstbewusst und proaktiv zu sein, ohne aufdringlich, unhöflich oder respektlos zu sein. Vermeiden Sie es, die Grenze zur Aggressivität zu überschreiten, da dies kontraproduktiv sein und Beziehungen schädigen kann. Verwenden Sie „Ich"-Aussagen, um Ihre Sichtweise auszudrücken und vermeiden Sie es, andere zu beschuldigen oder anzugreifen. Achten

Sie auf Ihren Tonfall, Ihre Körpersprache und Ihre nonverbalen Hinweise, da diese Einfluss darauf haben können, wie Ihre Nachricht ankommt. Finden Sie ein Gleichgewicht zwischen dem selbstbewussten Eintreten für Ihre Sichtweise und der Berücksichtigung der Bedürfnisse und Sichtweisen anderer.

Üben Sie aktives Zuhören: Aktives Zuhören ist eine Schlüsselkomponente effektiver Kommunikation und Einflussnahme. Dabei geht es darum, sich voll und ganz auf den Sprecher zu konzentrieren, Blickkontakt aufrechtzuerhalten und auf seine Worte, seinen Tonfall und seine Emotionen zu achten. Zeigen Sie Empathie und Verständnis, indem Sie paraphrasieren, zusammenfassen und klärende Fragen stellen. Zeigen Sie, dass Sie ihre Perspektive wertschätzen und bereit sind, ihren Standpunkt zu verstehen. Durch aktives Zuhören können Sie Vertrauen aufbauen, eine Beziehung aufbauen und die zugrunde liegenden Beweggründe und Sorgen anderer verstehen. Es hilft Ihnen auch dabei, Ihre Botschaften und Einflussstrategien so anzupassen, dass sie auf ihre Bedürfnisse und Vorlieben abgestimmt sind.

Seien Sie geduldig und bauen Sie Beziehungen auf: Der Aufbau von Beziehungen braucht Zeit und Geduld ist eine entscheidende Tugend, wenn es darum geht, andere zu beeinflussen. Erkennen Sie, dass Menschen möglicherweise unterschiedliche Zeitpläne, Prioritäten und Perspektiven haben und es einige Zeit dauern kann, ihr Vertrauen zu gewinnen, ihren Respekt zu gewinnen und ihre Meinungen oder Entscheidungen zu beeinflussen. Vermeiden Sie es, aufdringlich oder ungeduldig zu sein, da dies zu Widerstand oder Konflikten führen kann. Konzentrieren Sie sich stattdessen darauf, Beziehungen aufzubauen, Vertrauen aufzubauen und Beziehungen zu pflegen. Investieren Sie Zeit, um die Interessen, Bedürfnisse und Motivationen anderer zu verstehen. Zeigen Sie echte Fürsorge, Interesse und Respekt gegenüber ihren Ansichten und haben Sie Geduld beim Aufbau einer Vertrauens- und Glaubwürdigkeitsbasis. Eine starke Beziehung, die auf gegenseitigem Respekt und Vertrauen basiert, kann auf lange Sicht ein starker Einflussfaktor sein.

Passen Sie Ihren Ansatz an: Nicht jeder reagiert auf den gleichen Kommunikations- oder Überzeugungsstil. Es ist wichtig, dass Sie Ihren Ansatz an die Personen oder Gruppen anpassen, die

Sie beeinflussen möchten. Seien Sie flexibel und bereit, Ihren Kommunikationsstil, Ton und Ihre Taktik an die Bedürfnisse und Vorlieben Ihres Publikums anzupassen. Achten Sie auf ihre verbalen und nonverbalen Signale und seien Sie bereit, Ihren Ansatz zu ändern, wenn Sie Widerstand oder Desinteresse verspüren. Bedenken Sie, dass einige Personen möglicherweise mehr Zeit, Informationen oder Beweise benötigen, um eine Entscheidung zu treffen, während andere möglicherweise eher auf direkte und durchsetzungsfähige Kommunikation reagieren. Durch AnpassungMit Ihrem Ansatz können Sie Durchsetzungsvermögen und Geduld effektiv in Einklang bringen und Ihre Chancen, andere zu beeinflussen, erhöhen.

Gemeinsamkeit finden: Der Aufbau einer gemeinsamen Basis ist ein effektiver Weg, um eine Übereinstimmung und ein Verhältnis zu anderen herzustellen. Suchen Sie nach gemeinsamen Interessen, Werten oder Zielen, die Sie hervorheben und als Grundlage für Ihre Einflussbemühungen nutzen können. Indem Sie eine gemeinsame Basis finden, können Sie ein Gefühl der Verbundenheit und des gegenseitigen Verständnisses schaffen, was dazu beitragen kann, Widerstände zu überwinden und eine empfänglichere Denkweise bei anderen zu fördern. Seien Sie offen für die Suche nach Bereichen, in denen Übereinstimmung besteht, und konzentrieren Sie sich auf Bereiche, in denen Sie gemeinsam auf ein gemeinsames Ziel hinarbeiten können, anstatt sich nur auf Differenzen oder Meinungsverschiedenheiten zu konzentrieren.

Seien Sie widerstandsfähig gegenüber Rückschlägen: Beharrlichkeit erfordert Resilienz, denn Rückschläge und Hindernisse sind im Einflussprozess vorprogrammiert. Wenn Sie mit Widerstand, Ablehnung oder Hindernissen konfrontiert werden, ist es wichtig, die Fassung zu bewahren, sich auf Ihr Ziel zu konzentrieren und positiv zu bleiben. Lassen Sie sich von anfänglichen Rückschlägen oder Ablehnungen nicht entmutigen. Betrachten Sie sie stattdessen als Gelegenheit zum Lernen, Anpassen und Verbessern Ihres Ansatzes. Seien Sie belastbar und beharrlich in Ihren Bemühungen und seien Sie bereit, bei Bedarf andere Strategien oder Ansätze auszuprobieren. Denken Sie daran, dass die Beeinflussung anderer ein Prozess ist und Rückschläge Teil dieses Prozesses sind. Gehen Sie mit einer positiven und entschlossenen Einstellung weiter voran.

Verwalten Sie Ihre Emotionen: Emotionen können bei der Beeinflussung eine wesentliche Rolle spielen. Es ist wichtig, sich Ihrer eigenen Emotionen bewusst zu sein und effektiv mit ihnen umzugehen, da sie sich auf Ihre Kommunikation und Interaktion mit anderen auswirken können. Vermeiden Sie es, impulsiv oder emotional auf Widerstand oder Herausforderungen zu reagieren, da dies Ihre Einflussbemühungen zunichte machen kann. Bleiben Sie stattdessen ruhig, gelassen und konzentrieren Sie sich auf Ihr Ziel. Üben Sie emotionale Intelligenz, indem Sie Ihre Emotionen erkennen und verwalten sowie einfühlsam gegenüber den Emotionen anderer sein. Durch den Umgang mit Ihren Emotionen können Sie einen ausgewogenen und rationalen Ansatz zur Beeinflussung anderer beibehalten.

Seien Sie hartnäckig, nicht aufdringlich: Es gibt einen schmalen Grat zwischen Beharrlichkeit und Aufdringlichkeit. Während es wichtig ist, zu sein Wenn Sie beharrlich versuchen, andere zu beeinflussen, ist es ebenso wichtig, übermäßig aggressiv oder aufdringlich zu sein, da dies zu Widerstand und Gegenreaktionen führen kann. Respektieren Sie die Grenzen und Vorlieben anderer und vermeiden Sie es, ihnen Ihre Ideen oder Meinungen aufzudrängen. Seien Sie geduldig, verständnisvoll und respektvoll gegenüber ihrer Sichtweise, auch wenn sie nicht sofort mit Ihren Ansichten übereinstimmt. Vermeiden Sie Manipulation, Zwang oder Drucktaktiken, da diese Beziehungen schädigen und das Vertrauen untergraben können. Konzentrieren Sie sich stattdessen darauf, durch konsequente und respektvolle Bemühungen im Laufe der Zeit Vertrauen, Beziehungen und Glaubwürdigkeit aufzubauen.

Üben Sie Selbstreflexion und kontinuierliche Verbesserung: Die Kunst der Beharrlichkeit erfordert Selbstreflexion und kontinuierliche Verbesserung. Denken Sie über Ihre Einflussbemühungen nach, lernen Sie aus Ihren Erfahrungen und holen Sie Feedback von anderen ein. Seien Sie offen für konstruktive Kritik und nutzen Sie sie als Chance, Ihren Ansatz weiterzuentwickeln und zu verbessern. Bewerten Sie Ihre Strategien, Taktiken und Ergebnisse und nehmen Sie bei Bedarf Anpassungen vor. Entwickeln Sie kontinuierlich Ihre Einflussfähigkeiten, Kommunikationsfähigkeiten und emotionalen Intelligenz. Indem Sie ständig lernen und sich verbessern, können Sie Durchsetzungsvermögen und Geduld besser in Einklang bringen und Ihre Einflussziele erreichen.

Die Kunst, andere beharrlich zu beeinflussen, erfordert ein Gleichgewicht zwischen Durchsetzungsvermögen und Geduld. Dazu gehört es, den Kontext zu verstehen, durchsetzungsfähig zu sein, ohne aggressiv zu sein, aktives Zuhören zu üben, Beziehungen aufzubauen, den eigenen Ansatz anzupassen, Gemeinsamkeiten zu finden, widerstandsfähig gegenüber Rückschlägen zu sein, mit seinen Emotionen umzugehen, nicht aufdringlich zu sein und Selbstreflexion und Kontinuität zu üben Verbesserung. Indem Sie die Kunst der Beharrlichkeit beherrschen, können Sie Ihre Fähigkeit verbessern, andere effektiv zu beeinflussen und die gewünschten Ergebnisse zu erzielen.

Kapitel 9: Die Kunst des ethischen Einflusses

Einhaltung ethischer Standards durch stillen Einfluss

Ethik spielt bei der Einflussnahme eine entscheidende Rolle. Während das Endziel der Einflussnahme darin bestehen kann, andere davon zu überzeugen, eine bestimmte Perspektive einzunehmen, eine bestimmte Maßnahme zu ergreifen oder ihr Verhalten zu ändern, ist es wichtig sicherzustellen, dass die zur Erreichung dieser Ergebnisse eingesetzten Mittel ethisch sind und mit einer Reihe moralischer Prinzipien im Einklang stehen . In diesem Kapitel werden wir die Kunst der ethischen Einflussnahme erforschen, bei der es darum geht, ethische Standards im Prozess der stillen Einflussnahme aufrechtzuerhalten.

Definieren Sie Ihren ethischen Rahmen: Ethischer Einfluss beginnt mit einem klaren Verständnis Ihres persönlichen ethischen Rahmens. Was sind Ihre Grundwerte? Welche ethischen Grundsätze liegen Ihnen am Herzen? Nehmen Sie sich die Zeit, über Ihre eigenen Überzeugungen, Werte und Ihren moralischen Kompass nachzudenken. Überlegen Sie, wie sie mit den Grundsätzen Integrität, Ehrlichkeit, Fairness und Respekt gegenüber anderen übereinstimmen. Schaffen Sie eine solide ethische Grundlage, die Ihr Handeln und Ihre Entscheidungen bei Ihrem Versuch, andere zu beeinflussen, leiten wird.

Bedenken Sie die Konsequenzen: Bei ethischem Einfluss geht es darum, die möglichen Konsequenzen Ihres Handelns zu berücksichtigen. Denken Sie über die kurz- und langfristigen Auswirkungen Ihrer Einflussbemühungen auf alle beteiligten Stakeholder nach, einschließlich der Personen, die Sie beeinflussen möchten, der Organisation oder Gemeinschaft und der Gesellschaft als Ganzes. Berücksichtigen Sie die potenziellen Vorteile und Risiken sowie alle unbeabsichtigten Folgen. Bemühen Sie sich, Entscheidungen zu treffen, die dem Allgemeinwohl dienen und den Schaden für andere so gering wie möglich halten.

Üben Sie Transparenz und Authentizität: Ethischer Einfluss erfordert Transparenz und Authentizität in Ihrer Kommunikation und

Interaktion mit anderen. Seien Sie aufrichtig, ehrlich und transparent in Ihren Absichten, Motiven und Handlungen. Vermeiden Sie Täuschung, Manipulation oder versteckte Absichten. Seien Sie aufrichtig in Ihren Bemühungen, Vertrauen aufzubauen, Glaubwürdigkeit aufzubauen und eine offene und ehrliche Kommunikation zu fördern. Authentizität und Transparenz sind Schlüsselelemente ethischer Einflussnahme, da sie Vertrauen und Beziehungen zu anderen aufbauen und dabei helfen, eine solide Grundlage für die Einflussnahme auf Beziehungen zu schaffen.

Respektieren Sie Autonomie und Vielfalt: Ethischer Einfluss bedeutet, die Autonomie und Vielfalt anderer zu respektieren. Erkennen Sie, dass jeder Einzelne seine eigenen einzigartigen Perspektiven, Überzeugungen, Werte und Entscheidungen hat. Respektieren Sie ihr Recht, eigene Entscheidungen zu treffen, auch wenn diese von Ihren eigenen abweichen. Vermeiden Sie es, anderen Ihre Ansichten aufzuzwingen oder zu versuchen, sie zu manipulieren oder zur Einhaltung zu zwingen. Akzeptieren Sie Vielfalt und Inklusivität und bemühen Sie sich, die Perspektiven anderer zu verstehen und wertzuschätzen, auch wenn sie sich von Ihren eigenen unterscheiden.

Vertraulichkeit und Privatsphäre wahren:
Ethischer Einfluss erfordert die Achtung der
Vertraulichkeit und Privatsphäre anderer.
Vermeiden Sie die Offenlegung oder Nutzung
vertraulicher Informationen in unangemessener
Weise für Ihre Einflussbemühungen. Respektieren
Sie die Privatsphäre und Vertraulichkeit der
persönlichen Daten, Meinungen und
Entscheidungen einzelner Personen. Vermeiden Sie
es, Gerüchte und Klatsch zu verbreiten oder sich auf
unethische Praktiken wie Erpressung oder
Nötigung einzulassen. Halten Sie im Umgang mit
anderen die höchsten Standards an Integrität und
Professionalität ein.

Achten Sie auf die Leistungsdynamik:
Ethischer Einfluss bedeutet, sich der
Machtdynamik in Beziehungen bewusst zu sein.
Erkennen Sie, dass Machtungleichgewichte in
verschiedenen Kontexten bestehen können,
beispielsweise am Arbeitsplatz, im sozialen Umfeld
oder in persönlichen Beziehungen. Seien Sie sich
Ihres Einflusses auf andere bewusst und nutzen Sie
ihn verantwortungsvoll und ethisch. Vermeiden Sie
es, Macht zum persönlichen Vorteil zu
missbrauchen oder auszunutzen oder andere zu
Ihrem Vorteil zu manipulieren. Bemühen Sie sich,

bei Ihren Einflussbemühungen ein Umfeld des gegenseitigen Respekts, der Fairness und der Gleichberechtigung zu schaffen.

Einverständniserklärung einholen: Ethischer Einfluss erfordert die Einholung der informierten Zustimmung anderer. Stellen Sie sicher, dass die Personen, die Sie beeinflussen möchten, umfassend über die Auswirkungen, Risiken und Vorteile der Entscheidung oder Maßnahme informiert sind, für die Sie sich einsetzen. Stellen Sie ihnen alle relevanten Informationen zur Verfügung, die sie benötigen, um eine fundierte Entscheidung zu treffen. Vermeiden Sie den Einsatz betrügerischer oder irreführender Taktiken, um die Einwilligung einzuholen oder andere zur Einhaltung zu manipulieren. Holen Sie eine freiwillige und informierte Einwilligung ein, die auf einem genauen Verständnis der Situation basiert.

Achten Sie auf Interessenkonflikte : Ethischer Einfluss erfordert die Berücksichtigung von Interessenkonflikten. Erkennen Sie mögliche Interessenkonflikte, die Ihre Fähigkeit, unvoreingenommen und objektiv zu handeln, beeinträchtigen könnten. Vermeiden Sie Situationen, in denen Ihre persönlichen Interessen, finanziellen Gewinne oder andere Beweggründe

Ihre Entscheidungsfindung oder Ihre Bemühungen beeinflussen könnten. Offenlegen Sie potenzielle Interessenkonflikte gegenüber den relevanten Parteien und ergreifen Sie Maßnahmen zu deren Entschärfung, um sicherzustellen, dass Ihr Einfluss von ethischen Erwägungen und nicht von persönlichem Gewinn geleitet wird.

Bedenken Sie die langfristigen Auswirkungen: Ethischer Einfluss berücksichtigt die langfristigen Auswirkungen Ihres Handelns. Berücksichtigen Sie die möglichen Folgen Ihrer Einflussbemühungen, die über die unmittelbaren Ergebnisse hinausgehen. Streben Sie danach, nachhaltige, positive Veränderungen herbeizuführen, die nicht nur den kurzfristigen Ergebnissen, sondern auch dem langfristigen Wohlergehen aller Beteiligten zugute kommen. Vermeiden Sie kurzsichtige oder eigennützige Ansätze, die in der Zukunft negative Auswirkungen haben könnten. Denken Sie ganzheitlich und berücksichtigen Sie die umfassenderen Auswirkungen Ihrer Einflussbemühungen.

Reflektieren und lernen: Ethischer Einfluss erfordert kontinuierliches Reflektieren und Lernen. Denken Sie über Ihre Einflussbemühungen, Ergebnisse und ethischen Überlegungen nach.

Lernen Sie aus Ihren Erfahrungen, Erfolgen und Misserfolgen, und verbessern Sie Ihren Ansatz kontinuierlich, um sicherzustellen, dass er mit Ihren ethischen Grundsätzen übereinstimmt. Holen Sie Feedback von vertrauenswürdigen Kollegen oder Mentoren ein, um Erkenntnisse darüber zu gewinnen, wie Sie Ihre ethischen Einflussfähigkeiten verbessern können. Bleiben Sie offen für Feedback, lernen Sie aus Fehlern und streben Sie kontinuierlich danach, ein besserer ethischer Einflussnehmer zu sein.

Die Kunst der ethischen Einflussnahme erfordert ein tiefes Engagement für die Einhaltung ethischer Standards in allen Aspekten Ihrer Einflussbemühungen. Dazu gehört es, Ihren ethischen Rahmen zu definieren, die Konsequenzen zu berücksichtigen, Transparenz und Authentizität zu praktizieren, Autonomie und Vielfalt zu respektieren, Vertraulichkeit und Privatsphäre zu wahren, sich der Machtdynamik bewusst zu sein, eine Einwilligung nach Aufklärung einzuholen, sich der Interessenkonflikte bewusst zu sein und die langfristigen Auswirkungen zu berücksichtigen. und über Ihre Erfahrungen zu reflektieren und daraus zu lernen. Indem Sie ethische Überlegungen in Ihren Einflussansatz integrieren, können Sie positive und nachhaltige Veränderungen fördern und gleichzeitig Ihre Integrität und Glaubwürdigkeit als ethischer Influencer bewahren.

Ethische Dilemmata erkennen und angehen

Ethische Dilemmata können in verschiedenen Aspekten der Einflussnahme entstehen, wenn widersprüchliche Interessen, Werte oder Prinzipien Ihre Fähigkeit, ethische Entscheidungen zu treffen, beeinträchtigen können. Das Erkennen und Angehen dieser ethischen Dilemmata ist von entscheidender Bedeutung, um sicherzustellen, dass Ihre Einflussbemühungen mit Ihren ethischen Grundsätzen und Werten im Einklang stehen. In diesem Kapitel werden wir Schlüsselstrategien zur Erkennung und Bewältigung ethischer Dilemmata im Zusammenhang mit Einfluss untersuchen.

Definieren Sie Ihren ethischen Rahmen: Um ethische Dilemmata effektiv zu erkennen und anzugehen, ist es wichtig, ein klares Verständnis Ihres ethischen Rahmens zu haben. Denken Sie über Ihre persönlichen Werte, Prinzipien und ethischen Überzeugungen nach, die Ihren Entscheidungsprozess leiten. Berücksichtigen Sie die ethischen Theorien oder Rahmenbedingungen, die Sie ansprechen, wie z. B. Utilitarismus, Deontologie, Tugendethik oder andere. Klären Sie Ihre ethische Haltung zu wichtigen ethischen Grundsätzen wie Ehrlichkeit, Integrität, Respekt, Fairness und Gerechtigkeit. Diese Grundlage wird Ihnen als Kompass bei der Bewältigung ethischer Dilemmata dienen.

Identifizieren Sie ethische Dilemmata: Im Zusammenhang mit Einflussnahme können in verschiedenen Situationen ethische Dilemmata auftreten. Für Beispielsweise stehen Sie möglicherweise vor einer Situation, in der Sie sich zwischen Ehrlichkeit und Loyalität, zwischen kurzfristigen Gewinnen und langfristiger Nachhaltigkeit, zwischen persönlichen Interessen und dem Wohl anderer oder zwischen verschiedenen Werten oder Prinzipien, die Ihnen am Herzen liegen, entscheiden müssen. Es ist von entscheidender Bedeutung, wachsam zu sein und Situationen zu erkennen, in denen bei Ihren Einflussbemühungen ethische Dilemmata auftreten können.

Suchen Sie nach mehreren Perspektiven: Bei ethischen Dilemmata ist es wichtig, mehrere Perspektiven einzunehmen, um ein umfassendes

Verständnis der Situation zu erlangen. Berücksichtigen Sie die Standpunkte aller relevanten Stakeholder, einschließlich derjenigen, die möglicherweise von Ihren Einflussbemühungen betroffen sind. Führen Sie offene und ehrliche Gespräche mit ihnen, um ihre Anliegen, Werte und Perspektiven zu verstehen. Seien Sie bereit, unvoreingenommen zuzuhören und vermeiden Sie voreilige Urteile oder Entscheidungen.

Vor- und Nachteile abwägen: Sobald Sie ein ethisches Dilemma identifiziert und mehrere Perspektiven gesammelt haben, ist es wichtig, die Vor- und Nachteile verschiedener Vorgehensweisen abzuwägen. Berücksichtigen Sie die potenziellen Vorteile und Nachteile jeder Option und bewerten Sie sie anhand Ihres ethischen Rahmens. Denken Sie über die kurzfristigen und langfristigen Auswirkungen jeder Entscheidung nach und berücksichtigen Sie die möglichen Konsequenzen für alle beteiligten Interessengruppen.

Bedenken Sie die Konsequenzen: Eine ethische Entscheidungsfindung erfordert die Berücksichtigung der Konsequenzen Ihres Handelns. Denken Sie über die potenziellen Auswirkungen jeder Vorgehensweise auf alle relevanten Parteien nach, einschließlich Ihnen selbst, anderen und der breiteren Gemeinschaft oder Gesellschaft. Berücksichtigen Sie sowohl die unmittelbaren als auch die langfristigen Konsequenzen Ihrer Entscheidungen und streben Sie danach, Entscheidungen zu treffen, die dem Wohlergehen und den besten Interessen aller Beteiligten dienen.

Konsultieren Sie ethische Richtlinien und Kodizes: Viele Berufe und Organisationen haben ethische Richtlinien oder Verhaltenskodizes aufgestellt, die Orientierungshilfen für den Umgang mit ethischen Dilemmata in bestimmten Kontexten bieten. Konsultieren Sie diese Richtlinien oder Kodizes und nutzen Sie sie als Referenz für Ihren Entscheidungsprozess. Überlegen Sie, wie Ihr Handeln mit diesen etablierten ethischen Standards und Grundsätzen im Einklang steht.

Üben Sie Transparenz und Authentizität: Transparenz und Authentizität sind entscheidend für die Bewältigung ethischer Dilemmata. Seien Sie transparent und ehrlich über Ihre Absichten, Beweggründe und potenziellen Interessenkonflikte. Vermeiden Sie es, relevante Informationen zu verbergen oder andere durch betrügerische Mittel zu manipulieren. Seien Sie in Ihren Interaktionen authentisch und bemühen Sie sich, Vertrauen und

Glaubwürdigkeit bei anderen aufzubauen, indem Sie bei Ihren Einflussbemühungen Integrität und Aufrichtigkeit zeigen.

Suchen Sie nach Input von anderen: Bei ethischen Dilemmata kann es hilfreich sein, den Rat vertrauenswürdiger Kollegen, Mentoren oder ethischer Berater einzuholen. Besprechen Sie die Situation mit ihnen und bitten Sie sie um Rat und Erkenntnisse. Sie bieten möglicherweise unterschiedliche Perspektiven oder werfen wichtige ethische Überlegungen auf, die Sie möglicherweise nicht berücksichtigt haben. Seien Sie offen für Feedback und bereit, Ihren Ansatz auf der Grundlage ethischer Ratschläge oder Empfehlungen zu überarbeiten.

Denken Sie über Werte und Prinzipien nach: Ethische Dilemmata erfordern oft eine Reflexion Ihrer eigenen SituationWerte und Prinzipien. Nehmen Sie sich die Zeit, über Ihre eigenen Werte und Prinzipien nachzudenken und wie diese mit der jeweiligen Situation übereinstimmen. Überlegen Sie, was Ihnen wirklich wichtig ist und welche ethischen Grundsätze Sie bei Ihren Einflussbemühungen wahren möchten. Denken Sie darüber nach, wie Ihre Entscheidungen und Handlungen mit Ihren persönlichen Werten und Prinzipien übereinstimmen, und treffen Sie Entscheidungen, die mit diesen im Einklang stehen.

Berücksichtigen Sie die langfristigen Konsequenzen: Bei der Auseinandersetzung mit ethischen Dilemmata ist es wichtig, die langfristigen Konsequenzen Ihrer Entscheidungen und Handlungen zu berücksichtigen. Konzentrieren Sie sich nicht ausschließlich auf kurzfristige Gewinne oder unmittelbare Ergebnisse und denken Sie über die möglichen Auswirkungen Ihrer Einflussbemühungen auf lange Sicht nach. Berücksichtigen Sie die umfassenderen Auswirkungen und Konsequenzen Ihrer Entscheidungen auf die Beziehungen, den Ruf und das Vertrauen, die Sie mit anderen aufbauen, sowie die Auswirkungen auf das allgemeine ethische Klima in Ihrer Organisation oder Gemeinschaft.

Verantwortung übernehmen: Bei der ethischen Einflussnahme ist es von entscheidender Bedeutung, die Verantwortung für Ihre Entscheidungen und Handlungen zu übernehmen. Übernehmen Sie die Verantwortung für Ihre Entscheidungen und deren Ergebnisse und seien Sie bereit, die Verantwortung für alle unbeabsichtigten Folgen zu übernehmen. Wenn Sie einen Fehler machen oder feststellen, dass Sie unethisch gehandelt haben, geben Sie dies zu und ergreifen Sie Maßnahmen, um die Situation zu korrigieren und Wiedergutmachung zu leisten. Verantwortung zu übernehmen, beweist Integrität und zeigt, dass Sie sich für die Einhaltung ethischer Standards einsetzen.

Bilden Sie sich kontinuierlich weiter: Ethische Entscheidungsfindung ist ein fortlaufender Prozess, der kontinuierliche Bildung und Selbstbewusstsein erfordert. Bleiben Sie über aktuelle ethische Fragen, Trends und Debatten in Ihrem Bereich oder Ihrer Branche informiert. Beteiligen Sie sich an kontinuierlicher Selbstreflexion und Selbsteinschätzung, um Ihre eigenen Vorurteile, Überzeugungen und ethischen blinden Flecken zu verstehen. Informieren Sie sich kontinuierlich über verschiedene ethische Theorien, Prinzipien und Rahmenbedingungen, um Ihre ethischen Denkfähigkeiten zu verbessern.

Bitten Sie andere um Feedback: Es kann wertvoll sein, Feedback von anderen zu Ihren ethischen Entscheidungs- und Einflussbemühungen einzuholen. Bitten Sie vertrauenswürdige Kollegen, Mentoren oder ethische Berater um Feedback und seien Sie offen für konstruktive Kritik. Das Feedback anderer kann

Einblicke und Perspektiven liefern, die Ihnen dabei helfen können, potenzielle ethische Dilemmata oder Bereiche mit Verbesserungsbedarf bei Ihren Einflussbemühungen zu erkennen.

Setzen Sie sich für ethisches Verhalten ein: Als stiller Influencer haben Sie die Möglichkeit, ethisches Verhalten nicht nur durch Ihr eigenes Handeln zu fördern, sondern auch, indem Sie Stellung beziehen und sich für ethische Standards in Ihrer Organisation oder Gemeinschaft einsetzen. Melden Sie sich, wenn Sie unethisches Verhalten beobachten, und setzen Sie sich für ethische Praktiken und Richtlinien ein. Seien Sie ein Vorbild für andere, indem Sie bei Ihren Einflussbemühungen konsequent Integrität, Transparenz und Authentizität demonstrieren.

Ethischer Einfluss ist ein entscheidender Aspekt des stillen Einflusses. Das Erkennen und Bewältigen ethischer Dilemmata erfordert Selbsterkenntnis, Reflexion und eine Entscheidungsfindung auf der Grundlage von Prinzipien und Werten. Indem Sie Ihren ethischen Rahmen definieren, ethische Dilemmata identifizieren, nach mehreren Perspektiven suchen, Vor- und Nachteile abwägen, Konsequenzen abwägen, ethische Richtlinien konsultieren,

Transparenz und Authentizität praktizieren, Input von anderen einholen, über Werte und Prinzipien nachdenken, Verantwortung übernehmen, sich kontinuierlich weiterbilden, suchen Durch Feedback und das Eintreten für ethisches Verhalten können Sie ethische Herausforderungen effektiv meistern und sicherstellen, dass Ihre Einflussbemühungen mit Ihren ethischen Standards im Einklang stehen. Denken Sie daran, dass es bei ethischem Einfluss nicht nur darum geht, kurzfristige Ergebnisse zu erzielen, sondern auch darum, langfristig Vertrauen, Glaubwürdigkeit und Integrität aufzubauen, die für einen nachhaltigen und wirkungsvollen Einfluss unerlässlich sind.

Einfluss mit Werten und Prinzipien in Einklang bringen

In der heutigen komplexen und dynamischen Welt ist ethischer Einfluss wichtiger denn je. Als stiller Influencer ist es von entscheidender Bedeutung, dass Sie Ihre Einflussbemühungen an Ihren Werten und Prinzipien ausrichten, um sicherzustellen, dass Ihr Handeln Ihren ethischen Standards entspricht. Bei ethischem Einfluss geht es nicht nur darum, gewünschte Ergebnisse zu erzielen, sondern dies auch auf prinzipientreue, faire und respektvolle Weise gegenüber allen Beteiligten zu tun. In diesem Kapitel werden wir eingehend und detailliert untersuchen, wie Sie Ihren Einfluss mit Ihren Werten und Prinzipien in Einklang bringen können, um ethischen und wirkungsvollen Einfluss sicherzustellen.

Definieren Sie Ihren ethischen Rahmen: Der erste Schritt, um Einfluss mit Werten und Prinzipien in Einklang zu bringen, besteht darin, Ihren eigenen ethischen Rahmen klar zu definieren. Denken Sie über Ihre persönlichen Werte, Überzeugungen und Prinzipien nach, die Ihren Entscheidungsprozess leiten. Was ist Ihnen am wichtigsten? Welche ethischen Grundsätze priorisieren Sie, wie Integrität, Respekt, Fairness, Ehrlichkeit und Verantwortlichkeit? Wenn Sie Ihren ethischen Rahmen verstehen, erhalten Sie eine solide Grundlage für die Ausrichtung Ihrer Einflussbemühungen auf Ihre Werte und Prinzipien.

Identifizieren Sie ethische Dilemmata: Bei der Beeinflussung anderer kann es vorkommen, dass Sie auf Situationen stoßen, in denen ethische Dilemmata entstehen. Ethische Dilemmata sind

Situationen, in denen es widersprüchliche moralische Werte oder Prinzipien gibt und es schwierig sein kann, die richtige Vorgehensweise zu bestimmen. Es ist wichtig, potenzielle ethische Dilemmata, die bei Ihren Einflussbemühungen auftreten können, proaktiv zu identifizieren. Dazu können Situationen gehören, in denen Sie konkurrierende Interessen abwägen, schwierige Entscheidungen treffen oder sich in ethischen Grauzonen bewegen müssen.

Suchen Sie nach mehreren Perspektiven: Bei ethischen Dilemmata ist es wichtig, mehrere Perspektiven einzunehmen, um ein umfassenderes Verständnis der Situation zu erlangen. Berücksichtigen Sie unterschiedliche Standpunkte, Meinungen und Erkenntnisse verschiedener an der Situation beteiligter Interessengruppen. Dazu kann das Einholen von Input von Kollegen, Mentoren, vertrauenswürdigen Beratern oder anderen relevanten Parteien gehören. Die Gewinnung verschiedener Perspektiven kann Ihnen helfen, ein umfassenderes Verständnis der ethischen Implikationen Ihrer Einflussbemühungen zu erlangen.

Vor- und Nachteile abwägen: Die Abwägung der Vor- und Nachteile verschiedener Optionen ist ein entscheidender Schritt, um Ihren Einfluss mit Ihren Werten und Prinzipien in Einklang zu bringen. Berücksichtigen Sie die potenziellen Vorteile und Risiken jeder Vorgehensweise und wägen Sie diese gegen Ihren ethischen Rahmen ab. Denken Sie über die kurz- und langfristigen Konsequenzen Ihrer Entscheidungen und Handlungen nach und berücksichtigen Sie die Auswirkungen auf alle beteiligten Stakeholder. Denken Sie an mögliche unbeabsichtigte Konsequenzen und bemühen Sie sich, fundierte und wohlüberlegte Entscheidungen zu treffen.

Bedenken Sie die Konsequenzen: Bei der ethischen Entscheidungsfindung geht es darum, die möglichen Konsequenzen Ihres Handelns zu berücksichtigen. Denken Sie über die Auswirkungen Ihrer Einflussbemühungen auf andere, die Organisation oder die Gemeinschaft insgesamt nach. Berücksichtigen Sie die kurz- und langfristigen Konsequenzen Ihrer Entscheidungen und Handlungen und bewerten Sie, ob diese mit Ihren Werten und Prinzipien übereinstimmen. Bemühen Sie sich um Entscheidungen, die zu positiven Ergebnissen führen und den Schaden für andere minimieren.

Konsultieren Sie die ethischen Richtlinien und Verhaltenskodizes: Viele Organisationen und Berufe haben ethische Richtlinien oder Verhaltenskodizes aufgestellt, die Orientierung für ethisches Verhalten geben. Machen Sie sich mit den für Ihren Bereich oder Ihre Branche relevanten ethischen Richtlinien oder Verhaltenskodizes vertraut und nutzen Sie diese als Referenz bei Ihren Einflussbemühungen. Diese Richtlinien können als wertvolle Ressource dienen, die Ihnen dabei hilft, Ihren Einfluss an ethischen Standards auszurichten.

Üben Sie Transparenz und Authentizität: Transparenz und Authentizität sind zentrale Prinzipien ethischer Einflussnahme. Seien Sie ehrlich, offen und transparent in Ihrer Kommunikation und Ihrem Handeln. Vermeiden Sie es, wichtige Informationen zurückzuhalten, Fakten falsch darzustellen oder betrügerische Praktiken anzuwenden. Seien Sie bei Ihren Einflussbemühungen aufrichtig, aufrichtig und sich selbst treu. Authentizität schafft Vertrauen und Glaubwürdigkeit, die für ethischen und wirkungsvollen Einfluss unerlässlich sind.

Suchen Sie nach Input von anderen: Beziehen Sie andere in Ihren Entscheidungsprozess ein, um sicherzustellen, dass Ihre Einflussbemühungen mit ethischen Standards im Einklang stehen. Holen Sie Input und Feedback von relevanten Stakeholdern ein, die möglicherweise betroffen sinddurch Ihre Einflussbemühungen. Hören Sie sich ihre Bedenken, Perspektiven und Rückmeldungen an und berücksichtigen Sie sie bei Entscheidungen. Indem Sie andere in den Prozess einbeziehen, können Sie vielfältige Erkenntnisse gewinnen und sicherstellen, dass Ihre Einflussbemühungen fair und rücksichtsvoll gegenüber allen Beteiligten sind.

Achten Sie auf die Leistungsdynamik: Als Als stiller Influencer verfügen Sie möglicherweise in einem bestimmten Kontext über ein gewisses Maß an Macht oder Autorität. Es ist von entscheidender Bedeutung, sich der Machtdynamik bewusst zu sein und Ihren Einfluss verantwortungsvoll und ethisch zu nutzen. Vermeiden Sie es, Ihre Macht zu missbrauchen oder manipulative Taktiken anzuwenden, um Ihre Ziele zu erreichen. Nutzen Sie stattdessen Ihren Einfluss, um andere zu stärken, Inklusivität zu fördern und die Zusammenarbeit zu fördern.

Reflektieren und lernen: Ethischer Einfluss ist ein fortlaufender Prozess, der kontinuierliche Reflexion und Lernen erfordert. Denken Sie über

Ihre bisherigen Einflussbemühungen nach und lernen Sie aus Ihren Erfolgen und Misserfolgen. Übernehmen Sie die Verantwortung für etwaige Fehler oder Fehltritte und bemühen Sie sich, Ihre ethischen Entscheidungs- und Einflussfähigkeiten zu verbessern. Holen Sie Feedback von anderen ein, führen Sie eine Selbsteinschätzung durch und informieren Sie sich kontinuierlich über ethische Grundsätze und Praktiken.

Ethischer Einfluss ist ein entscheidender Aspekt des stillen Einflusses. Dazu gehört es, Ihre Einflussbemühungen an Ihren Werten und Prinzipien auszurichten, ethische Dilemmata proaktiv zu identifizieren und anzugehen, mehrere Perspektiven zu suchen, Vor- und Nachteile abzuwägen, Konsequenzen abzuwägen, ethische Richtlinien zu konsultieren, Transparenz und Authentizität zu praktizieren, Input von anderen einzuholen und sich der Machtdynamik bewusst zu sein und kontinuierliches Reflektieren und Lernen. Indem Sie ethische Standards in Ihre Einflussbemühungen einbeziehen, können Sie Vertrauen und Glaubwürdigkeit aufbauen und langfristig positive Auswirkungen erzielen. Denken Sie daran, dass es bei ethischem Einfluss nicht nur darum geht, Ergebnisse zu erzielen, sondern auch darum, wie Sie diese erreichen. Es geht darum, einen positiven Unterschied im Leben anderer zu bewirken und gleichzeitig Ihre ethischen Grundsätze und Werte zu wahren.

Pflege langfristiger Beziehungen, die auf Vertrauen und Integrität basieren

Bei Einfluss, insbesondere im Zusammenhang mit stillem Einfluss, geht es nicht nur um kurzfristige Gewinne oder unmittelbare Ergebnisse. Es geht auch um den Aufbau und die Pflege langfristiger Beziehungen, die auf Vertrauen und Integrität basieren. Die Pflege solcher Beziehungen ist für nachhaltigen Erfolg und positive Auswirkungen von entscheidender Bedeutung. In diesem Kapitel werden wir Strategien zur Pflege langfristiger Beziehungen auf der Grundlage von Vertrauen und Integrität in der Kunst des ethischen Einflusses untersuchen.

Vertrauen aufbauen: Vertrauen ist die Grundlage jeder gesunden Beziehung, auch derjenigen, in denen Sie Einfluss nehmen möchten. Um Vertrauen aufzubauen, muss man zuverlässig, konsequent und verlässlich sein. Halten Sie Ihre Versprechen und halten Sie Ihre Verpflichtungen ein. Seien Sie in Ihrer Kommunikation transparent, ehrlich und authentisch. Vermeiden Sie Übertreibungen, Halbwahrheiten oder irreführende Informationen. Zeigen Sie bei all Ihren Handlungen Integrität und ethisches Verhalten. Indem Sie Vertrauen aufbauen, schaffen Sie eine solide Grundlage, auf der Ihre Einflussbemühungen gedeihen können.

Üben Sie aktives Zuhören: Effektive Kommunikation ist ein Schlüsselelement für den Aufbau und die Pflege vertrauensvoller Beziehungen. Ein wichtiger Aspekt effektiver Kommunikation ist aktives Zuhören. Üben Sie aktives Zuhören, indem Sie der Person, mit der Sie kommunizieren, Ihre volle Aufmerksamkeit schenken und wirklich versuchen, ihre Perspektiven, Bedürfnisse und Sorgen zu verstehen. Vermeiden Sie es, ihre Standpunkte zu unterbrechen, zu beurteilen oder abzulehnen. Denken Sie noch einmal darüber nach, was sie sagen, um sicherzustellen, dass Sie sie richtig verstehen. Indem Sie aktiv zuhören, zeigen Sie Respekt gegenüber anderen und fördern eine offene und ehrliche Kommunikation, die mit der Zeit Vertrauen aufbaut.

Zeigen Sie Empathie: Empathie ist die Fähigkeit, die Gefühle anderer zu verstehen und zu teilen. Es ist eine entscheidende Fähigkeit für den Aufbau und die Aufrechterhaltung von Beziehungen, die auf Vertrauen und Integrität basieren. Zeigen Sie Empathie, indem Sie sich in die Lage anderer versetzen und versuchen, ihre Gefühle, Erfahrungen und Perspektiven zu verstehen. Zeigen Sie echte Sorge und sorgen Sie sich um ihr Wohlergehen. Vermeiden Sie es, ihren Gefühlen oder Sorgen gegenüber abweisend oder gleichgültig zu sein. Indem Sie Empathie zeigen, schaffen Sie ein unterstützendes und integratives Umfeld, das Vertrauen fördert und Beziehungen stärkt.

Seien Sie konsequent und zuverlässig: Beständigkeit und Zuverlässigkeit sind wichtige Eigenschaften beim Aufbau und der Pflege langfristiger Beziehungen, die auf Vertrauen und Integrität basieren. Seien Sie konsequent in Ihren Worten und Taten und vermeiden Sie es, widersprüchliche Botschaften zu senden oder sich selbst zu widersprechen. Halten Sie Ihre Zusagen zuverlässig ein und halten Sie Ihre Versprechen ein. Wenn andere sich auf Sie verlassen können, stärkt das das Vertrauen, das sie in Sie haben, und erhöht die Integrität Ihrer Einflussbemühungen.

Seien Sie ethisch und transparent: Ethisches Verhalten und Transparenz sind grundlegende Aspekte für die Pflege langfristiger Beziehungen, die auf Vertrauen und Integrität basieren. Halten Sie bei allen Ihren Handlungen ethische Standards ein und seien Sie transparent über Ihre Absichten, Motive und Handlungen. Vermeiden Sie unethisches Verhalten oder versteckte Absichten, die das Vertrauen untergraben oder Ihrer Glaubwürdigkeit schaden könnten. Wenn Sie ethisch und transparent handeln, können andere darauf vertrauen, dass Ihre Einflussbemühungen echt sind und mit ethischen Grundsätzen im Einklang stehen.

Seien Sie respektvoll und integrativ: Respekt und Inklusivität sind entscheidend für die Pflege langfristiger Beziehungen, die auf Vertrauen und Integrität basieren. Zeigen Sie Respekt vor den Meinungen, Überzeugungen und Perspektiven anderer, auch wenn diese von Ihren abweichen. Umfassen Sie Vielfalt und Inklusivität, indem Sie Unterschiede in Kultur, Hintergrund und Erfahrungen schätzen und wertschätzen. Vermeiden Sie respektloses oder diskriminierendes Verhalten, das Beziehungen schädigen oder das Vertrauen untergraben könnte. Indem Sie respektvoll und integrativ sind, schaffen Sie ein positives und integratives Umfeld, das Vertrauen fördert und Beziehungen stärkt.

Arbeiten Sie zusammen und suchen Sie nach Win-Win-Lösungen: Zusammenarbeit und die Suche nach Win-Win-Lösungen sind wirksame Strategien zur Pflege langfristiger Beziehungen, die auf Vertrauen und Integrität basieren. Arbeiten Sie mit anderen zusammen, holen Sie deren Input und Meinungen ein und beziehen Sie sie in Entscheidungsprozesse ein. Suchen Sie nach Win-Win-Lösungen, die die Interessen und Bedürfnisse aller Beteiligten berücksichtigen. Vermeiden Sie Gewinn-Verlust- oder Nullsummenspiele, die Beziehungen schädigen oder Konflikte hervorrufen könnten. Durch Zusammenarbeit und Suche nach Win-Win-LösungenSie fördern ein Gefühl des gegenseitigen Respekts, des Vertrauens und der Zusammenarbeit, die für die Pflege langfristiger Beziehungen unerlässlich sind.

Zeigen Sie Wertschätzung und Dankbarkeit: Der Ausdruck von Wertschätzung und Dankbarkeit gegenüber anderen ist eine wirksame Möglichkeit, langfristige Beziehungen aufzubauen, die auf Vertrauen und Integrität basieren. Erkennen und würdigen Sie die Beiträge, Bemühungen und Erfolge anderer. Zeigen Sie Dankbarkeit für ihre Unterstützung, Hilfe und Zusammenarbeit. Vermeiden Sie es, andere als selbstverständlich zu betrachten oder ihre Bemühungen nicht anzuerkennen. Indem Sie Wertschätzung und Dankbarkeit zeigen, verstärken Sie positive Verhaltensweisen, schaffen eine Kultur der Anerkennung und stärken Beziehungen.

Seien Sie reaktionsschnell und zuverlässig: Für die Pflege langfristiger Beziehungen ist eine reaktionsschnelle und zuverlässige Kommunikation und Ihr Handeln von entscheidender Bedeutung. Reagieren Sie umgehend auf Nachrichten, E-Mails oder Anfragen anderer. Halten Sie Ihre Zusagen zuverlässig ein und halten Sie Fristen ein. Vermeiden Sie es, nicht zu reagieren, unzuverlässig oder nicht rechenschaftspflichtig zu sein, da dies das Vertrauen untergraben und Beziehungen schädigen kann. Wenn Sie reaktionsschnell und zuverlässig sind, werden Sie von anderen als vertrauenswürdig und zuverlässig wahrgenommen, was die Grundlage Ihrer Beziehungen stärkt.

Konflikte konstruktiv bewältigen: Konflikte sind ein natürlicher Bestandteil jeder Beziehung, aber wie Sie damit umgehen, kann sich erheblich auf die Qualität und Langlebigkeit Ihrer Beziehungen auswirken. Wenn Konflikte auftreten, gehen Sie konstruktiv mit ihnen um. Konzentrieren Sie sich darauf, Lösungen zu finden, anstatt andere zu beschuldigen oder anzugreifen. Hören Sie sich alle Perspektiven an, suchen Sie nach Gemeinsamkeiten und arbeiten Sie auf eine faire und respektvolle Lösung von Konflikten hin. Vermeiden Sie destruktive Verhaltensweisen wie persönliche Angriffe, Manipulation oder Aggression. Indem Sie Konflikte konstruktiv bewältigen, demonstrieren Sie Reife, Professionalität und Integrität, was das Vertrauen stärken und Beziehungen stärken kann.

Seien Sie authentisch und authentisch: Authentizität ist ein wichtiger Faktor bei der Pflege langfristiger Beziehungen, die auf Vertrauen und Integrität basieren. Seien Sie aufrichtig und authentisch im Umgang mit anderen. Vermeiden Sie es, sich als jemand auszugeben, der Sie nicht sind, und sich nicht unaufrichtig zu verhalten. Bleiben Sie Ihren Werten, Überzeugungen und Prinzipien treu. Teilen Sie Ihre Gedanken, Meinungen und Perspektiven offen und ehrlich mit. Indem Sie aufrichtig und authentisch sind, bauen Sie einen Ruf für Vertrauenswürdigkeit auf und schaffen eine starke Bindung der Authentizität zu anderen.

Seien Sie geduldig und verständnisvoll: Der Aufbau und die Pflege langfristiger Beziehungen erfordert Zeit, Mühe und Geduld. Seien Sie geduldig und verständnisvoll im Umgang mit anderen und erkennen Sie, dass jeder sein eigenes Tempo, seine eigenen Vorlieben und Herausforderungen hat. Vermeiden Sie es, aufdringlich, fordernd oder ungeduldig zu sein, da dies Beziehungen schädigen und das Vertrauen untergraben kann. Zeigen Sie Verständnis und Empathie für die Umstände, Perspektiven und Bedürfnisse anderer. Indem Sie geduldig und verständnisvoll sind, schaffen Sie ein unterstützendes und integratives Umfeld, das langfristige Beziehungen fördert, die auf Vertrauen und Integrität basieren.

NichtDer Aufbau langfristiger Beziehungen, die auf Vertrauen und Integrität basieren, ist ein entscheidender Aspekt ethischen Einflusses. Indem wir Vertrauen aufbauen, aktives Zuhören üben, Empathie zeigen, konsequent und zuverlässig sein, ethische Standards einhalten, respektvoll und inklusiv sein, zusammenarbeiten, Wertschätzung und Dankbarkeit zeigen, reaktionsschnell und zuverlässig sein, Konflikte konstruktiv bewältigen, aufrichtig und authentisch sein und geduldig sein Mit diesem Verständnis können Sie langfristige und sinnvolle Beziehungen aufbauen, die Ihre stillen Einflussbemühungen unterstützen und zu positiven Ergebnissen beitragen. Denken Sie daran, dass es bei ethischem Einfluss nicht um kurzfristige Gewinne geht, sondern um den Aufbau nachhaltiger Beziehungen, die auf Vertrauen, Integrität und gegenseitigem Respekt basieren.

ABSCHLUSS

In diesem Buch haben wir die Kunst der stillen Beeinflussung untersucht und wie sie ein wirksamer Ansatz sein kann, um andere positiv zu beeinflussen, ohne sich auf laute oder gewaltsame Taktiken zu verlassen. Wir haben uns mit den wichtigsten Prinzipien und Strategien befasst, die Ihnen dabei helfen können, die Kunst der stillen Einflussnahme zu meistern und in verschiedenen Kontexten sinnvolle Ergebnisse zu erzielen. Lassen Sie uns abschließend noch einmal die wichtigsten Prinzipien der Kunst der stillen Beeinflussung zusammenfassen, einige abschließende Gedanken mitteilen und Sie ermutigen, diese Prinzipien in Ihrem täglichen Leben anzuwenden.

Zusammenfassung der wichtigsten Prinzipien der Kunst des stillen Einflusses:

Selbstbewusstsein: Das Verständnis Ihrer eigenen Stärken, Schwächen, Ihres Kommunikationsstils und Ihrer Wirkung auf andere ist von grundlegender Bedeutung, um Einfluss zu nehmen. Es ermöglicht Ihnen, Ihren Ansatz effektiv an unterschiedliche Situationen und Personen anzupassen.

Aktives Zuhören: Anderen aufmerksam, aufgeschlossen und ohne Urteil zuzuhören, ist eine Schlüsselkompetenz für ruhigen Einfluss. Es ermöglicht Ihnen, die Perspektiven, Bedürfnisse und Sorgen anderer wirklich zu verstehen und Vertrauen und Beziehungen aufzubauen.

Empathie: Empathie zu zeigen, indem man die Emotionen, Gedanken und Erfahrungen anderer versteht und wertschätzt, schafft eine Verbindung und fördert Vertrauen. Es ermöglicht Ihnen, Beziehungen aufzubauen, die auf gegenseitigem Respekt und Verständnis basieren.

Flexibilität: Wenn Sie in Ihrer Kommunikation und Herangehensweise flexibel und anpassungsfähig sind, können Sie effektiv mit unterschiedlichen Situationen und Persönlichkeiten umgehen. Es hilft Ihnen, Gemeinsamkeiten zu finden und für beide Seiten vorteilhafte Ergebnisse zu erzielen.

Zusammenarbeit: Die Zusammenarbeit mit anderen anstelle eines Top-Down-Ansatzes fördert Zusammenarbeit, Engagement und Eigenverantwortung. Es schafft ein Gefühl der gemeinsamen Zielsetzung und fördert eine Kultur der Zusammenarbeit.

Ethische Standards: Die Einhaltung ethischer Standards, Ehrlichkeit und integres Handeln sind unerlässlich, um Einfluss zu nehmen. Es stellt sicher, dass Ihr Handeln im Einklang mit Ihren Werten und Prinzipien steht, und schafft Vertrauen und Glaubwürdigkeit.

Geduld und Beharrlichkeit: Die Erkenntnis, dass Veränderungen Zeit und Mühe erfordern, und eine beharrliche und geduldige Herangehensweise sind entscheidend, um Einfluss zu nehmen. Es ermöglicht Ihnen, Hindernisse und Rückschläge zu überwinden und langfristige Ergebnisse zu erzielen.

Beziehungsaufbau: Die Pflege langfristiger Beziehungen, die auf Vertrauen, Respekt und gegenseitigem Verständnis basieren, ist von grundlegender Bedeutung, um Einfluss zu nehmen. Es schafft eine Grundlage für wirksamen Einfluss und positive Ergebnisse.

Abschließende Gedanken zur Beherrschung der Kunst des stillen Einflusses:

Die Beherrschung der Kunst der stillen Beeinflussung ist ein kontinuierlicher Prozess, der Selbsterkenntnis, Übung und Reflexion erfordert.

Es geht nicht darum, energisch oder manipulativ zu sein, sondern vielmehr darum, echte Beziehungen aufzubauen, aktiv zuzuhören und sich in andere hineinzuversetzen. Es geht darum, authentisch, geduldig und beharrlich zu sein und bei all Ihren Interaktionen ethische Standards einzuhalten. Es geht darum, die Zusammenarbeit zu schätzen und langfristige Beziehungen zu pflegen, die auf Vertrauen und gegenseitigem Respekt basieren. Indem Sie die Kunst des stillen Einflusses beherrschen, können Sie positive Veränderungen herbeiführen und einen bedeutenden Einfluss auf Ihr persönliches und berufliches Leben haben.

Die Prinzipien des stillen Einflusses können in verschiedenen Kontexten angewendet werden, beispielsweise am Arbeitsplatz, in persönlichen Beziehungen, in gemeinschaftlichen Umgebungen und in Führungsrollen. Egal, ob Sie ein Manager sind, der Ihr Team leiten möchte, ein Elternteil, der Ihre Kinder anleitet, ein Gemeindemitglied, das sich für Veränderungen einsetzt, oder eine Einzelperson, die danach strebt, etwas Positives zu bewirken, die Kunst der stillen Einflussnahme kann ein wertvolles Werkzeug sein. Wenden Sie die Prinzipien in Ihrem täglichen Leben an, experimentieren Sie mit verschiedenen Strategien und reflektieren Sie Ihre Fortschritte. Lernen Sie weiter und entwickeln Sie sich als stiller Influencer weiter.

Nachdem Sie nun Einblicke in die Kunst der stillen Beeinflussung und ihre Grundprinzipien gewonnen haben, ist es an der Zeit, Maßnahmen zu ergreifen und sie in Ihrem täglichen Leben zu praktizieren. Beginnen Sie damit, sich selbst bewusst zu sein, aktives Zuhören zu üben, Empathie zu zeigen, flexibel und kooperativ zu sein, ethische Standards einzuhalten, geduldig und beharrlich zu sein und Beziehungen zu pflegen, die auf Vertrauen und Respekt basieren. Reflektieren Sie Ihre